JN295255

Marketing Basic Selection Series
マーケティング・ベーシック・セレクション・シリーズ

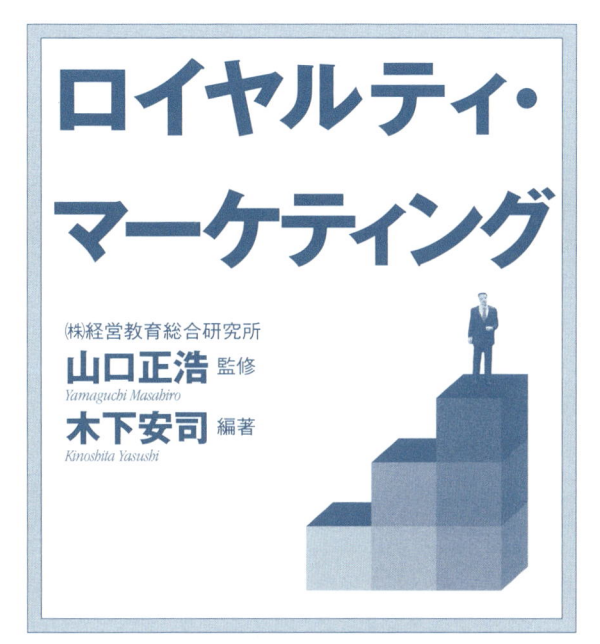

ロイヤルティ・マーケティング

㈱経営教育総合研究所
山口正浩 監修
Yamaguchi Masahiro

木下安司 編著
Kinoshita Yasushi

Loyalty
Marketing

同文舘出版

マーケティング・ベーシック・セレクション・シリーズ発刊にあたって

　マーケティング・ベーシック・セレクション・シリーズの発刊には、経営教育総合研究所の主任研究員が携わってきた多数の企業や大学、地方公共団体での講義や研修、上場企業や中小企業へのコンサルティングがベースとなっています。

　マーケティング研修で、受講生に「マーケティング」から連想するキーワードを質問すると「企業戦略」、「販売促進」、「広告宣伝」、「営業担当者の強化」、「Web」、「TVCM」など、さまざまな答えが挙がります。消費者行動や企業活動の多様化に伴い、マーケティングも、さまざまな切り口から考えられるようになりました。

　本シリーズでは、多様化しているマーケティングを下記の12テーマのカテゴリーに分類し、最新事例や図表を使用してわかりやすくまとめています。本シリーズで、各カテゴリーのマーケティング知識を理解し、活用していただければ幸いです。

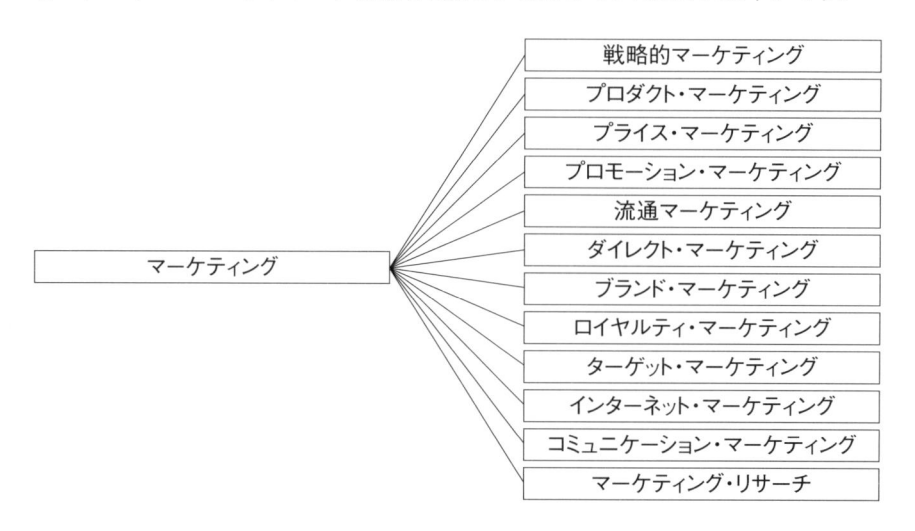

```
マーケティング ─┬─ 戦略的マーケティング
                ├─ プロダクト・マーケティング
                ├─ プライス・マーケティング
                ├─ プロモーション・マーケティング
                ├─ 流通マーケティング
                ├─ ダイレクト・マーケティング
                ├─ ブランド・マーケティング
                ├─ ロイヤルティ・マーケティング
                ├─ ターゲット・マーケティング
                ├─ インターネット・マーケティング
                ├─ コミュニケーション・マーケティング
                └─ マーケティング・リサーチ
```

　本シリーズは一般の書籍と異なり、マーケティング・ベーシック・セレクション・シリーズ専用のHPを開設しています。HPでは書籍に書ききれなかった監修者・執筆者のコメントや、マーケティングに関する最新情報を紹介しています。本シリーズで学習したら、下記のHPにアクセスし、さらなる知識を吸収してください。
URL　http://www.keieikyouiku.co.jp/MK

株式会社 経営教育総合研究所
代表取締役社長　山口 正浩

まえがき

　ロイヤルティ・マーケティングという用語が、マーケティングの世界で語られるようになって20年が経過しました。実店舗であろうとバーチャル店舗であろうと、店舗にとって顧客の固定化は、安定した客数を確保するための最大の使命です。

　小売業やサービス業では、上位20％の顧客が売上高・利益の80％を占めるという「パレートの法則」が引用され、上位の優良顧客をつなぎとめる重要性が語られています。ロイヤルティ・マーケティングとは、自社や自店舗の優良顧客を優遇し、固定客化を図るための高度なマーケティング戦略です。企業がすべての顧客に均等に販売促進することは、実は非効率と考えるようになりました。顧客の立場からいえば、数多く来店し購入金額の多い自分と、めったに来店せず購入金額の少ない他人と同じ販促策では不平等と考えても不思議ではありません。

　本書では、ロイヤルティ・マーケティングを10章に分け、ロイヤルティ・マーケティングの考え方と具体的な手法について解説します。

　PART 1の"ロイヤルティ・マーケティング"では、ロイヤルティ・マーケティングとは何かを考え、ロイヤルティ・マーケティングの計画・実践・評価・改善の切り口を探求します。

　PART 2の"顧客管理"では、顧客志向のマーケティング戦略について解説します。少子高齢化、ＩＴ技術の進展により、ますます多様化する顧客ニーズを一つひとつ丁寧にすくい上げるのが、顧客志向のマーケティング戦略です。

　PART 3の"優良顧客の選別"では、企業に大きな影響を及ぼす優良顧客との長期的な関係を構築する手段について掘り下げます。新規顧客をパートナーに育成するステップについても解説します。

　PART 4の"顧客満足度"では、顧客満足度とは何か、顧客満足度

の測定方法や向上策を解説します。

　PART 5 では、顧客との長期的な関係を構築する経営手法"CRM"について解説します。顧客生涯価値とは何か、その算出方法について確認します。

　PART 6 の"顧客データと商品データ"では、顧客データや商品データの有用性を確認し、具体的な管理手法であるPOSシステム、バスケット分析、アップセリングなどの手法を学びます。

　PART 7 の"顧客分析手法"では、顧客管理を行ううえで必要な顧客分析手法、①ABC分析、②デモグラフィック分析、③デシル分析、④RFM分析を、具体的な活用事例を織り交ぜながら解説します。

　PART 8 の"顧客識別マーケティング"は、すべての顧客に平等かつ画一的にサービスすることは、自社に多くの利益をもたらしてくれる顧客にとって、不平不満を生み出すとの発想から生まれました。顧客識別マーケティングの目的、経済性、価格の差別化政策、顧客カテゴリー・マネジメントについて解説します。

　PART 9 の"FSP"とは、優良顧客の固定化策のことです。航空会社やネット書店、スーパーマーケットなど、幅広い業種で採用されているFSPの狙いと具体的な運用方法について学びます。

　PART10の"顧客創造"では、顧客創造の重要性について掘り下げます。本章では、見込み客の発見から顧客の固定化までのプロセスを詳述します。

　本書を通じて、皆さんが自社の顧客を"ロイヤルティ・マーケティング"の視点で見つめ直し、信奉者・パートナーとなる顧客を一人でも増やしていただければ幸いです。

2011年6月
株式会社経営教育総合研究所
主任研究員 中小企業診断士　木下 安司

マーケティング・ベーシック・セレクション・シリーズ
ロイヤルティ・マーケティング●──────目次

PART 1
ロイヤルティ・マーケティング

- section1　ロイヤルティ・マーケティングとは……………10
- section2　ロイヤルティ・マーケティングの計画…………14
- section3　ロイヤルティ・マーケティングの実践…………18
- section4　ロイヤルティ・マーケティングの評価…………22
- section5　ロイヤルティ・マーケティングの改善…………26

PART 2
顧客管理

- section1　顧客志向の時代………………………………………32
- section2　顧客志向の重要性……………………………………36
- section3　顧客志向の実現………………………………………40
- section4　顧客志向と顧客管理…………………………………44
- section5　顧客管理が有効でない場合…………………………48

PART 3
優良顧客の選別

- section1　企業にインパクトを与える顧客 …………………………………… 54
- section2　優良顧客とは ………………………………………………………… 58
- section3　リレーションシップ・マーケティング …………………………… 62
- section4　ロイヤル・カスタマー化による利益 ……………………………… 66
- section5　信奉者とパートナー ………………………………………………… 70

PART 4
顧客満足度

- section1　顧客満足度とは ……………………………………………………… 76
- section2　顧客満足度を知る …………………………………………………… 80
- section3　顧客満足度の向上 …………………………………………………… 84
- section4　顧客満足と従業員満足との関係 …………………………………… 88
- section5　真実の瞬間 …………………………………………………………… 92

PART 5
CRM

- section1　ＣＲＭとは …………………………………………………………… 98
- section2　顧客生涯価値 ………………………………………………………… 102
- section3　顧客生涯価値の算出 ………………………………………………… 106

section4	顧客の順位付け	110
section5	顧客への働きかけ	114
section6	顧客の組織化とネットワーク	118

PART 6
顧客データと商品データ

section1	顧客データの有用性	124
section2	ＰＯＳシステムとは	128
section3	ＰＯＳシステムのメリット	132
section4	バスケット分析	136
section5	アップセリング	140

PART 7
顧客分析手法

section1	ＡＢＣ分析	144
section2	デモグラフィック分析	148
section3	デシル分析	152
section4	ＲＦＭ分析	156

PART 8
顧客識別マーケティング

| section1 | 顧客識別マーケティングの目的 | 162 |

section2	顧客識別マーケティングの経済性	166
section3	高度な差別化政策	170
section4	顧客カテゴリー・マネジメント	174

PART 9
ＦＳＰ

section1	ＦＳＰとは	180
section2	ＦＳＰの必要性	184
section3	ＦＳＰのねらい	188
section4	ＦＳＰ運用の流れ	192
section5	会員特典の種類	196

PART 10
顧客創造

section1	顧客創造とは	202
section2	新規顧客と既存顧客	206
section3	見込み客の発見	210
section4	再来店率の向上	214
section5	ワン・トゥ・ワン・マーケティングの実践	218

装丁・本文DTP●志岐デザイン事務所

section 1　ロイヤルティ・マーケティングとは
section 2　ロイヤルティ・マーケティングの計画
section 3　ロイヤルティ・マーケティングの実践
section 4　ロイヤルティ・マーケティングの評価
section 5　ロイヤルティ・マーケティングの改善

PART 1

ロイヤルティ・
マーケティング

ロイヤルティ・マーケティングを
計画・実践・評価・改善の
切り口で理解する。

section 1　ロイヤルティ・マーケティング

ロイヤルティ・マーケティングとは

　ロイヤルティ・マーケティングとは、自社・自店の利用度の高い顧客をできるだけ優遇して固定客化を図る――ブランドや店への顧客の支持率や信頼度を高める――戦略です。上位２割の顧客が売上高・利益の８割を占めるというパレートの法則（ＡＢＣ分析）が、裏付けとなっています。本sectionでは、ロイヤルティ・マーケティングとは何か、について考察します。

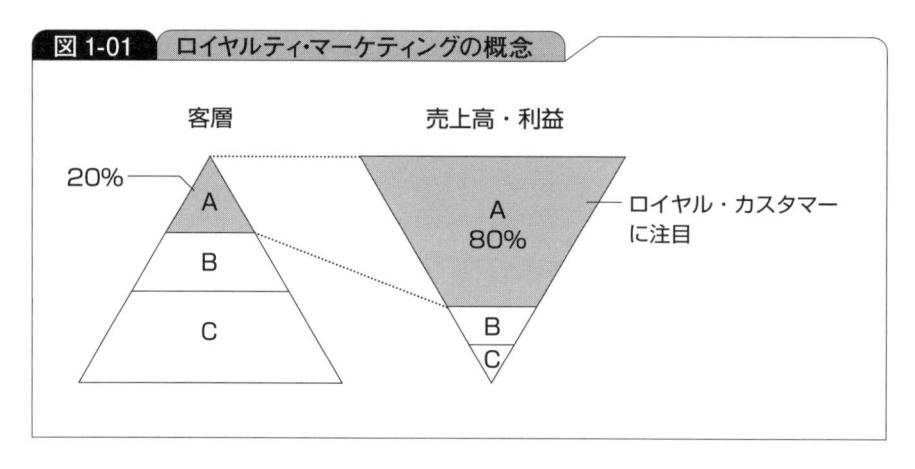

図1-01　ロイヤルティ・マーケティングの概念

客層：20% A、B、C（ピラミッド）
売上高・利益：A 80%、B、C（逆ピラミッド）
ロイヤル・カスタマーに注目

(1) 市場シェアより顧客シェアの獲得

　日本でテレビ、冷蔵庫、洗濯機が「３種の神器」と呼ばれた1960年代とは異なり、現在、市場には平均的な顧客は存在しません。

　企業は、個別の顧客を捉える必要性に迫られています。「マス・マーケティング」から、「ワン・トゥ・ワン・マーケティング」へ流れが変わっています。

図 1-02　マス・マーケティングとワン・トゥ・ワン・マーケティング

マス・マーケティング	ワン・トゥ・ワン・マーケティング
平均的顧客	個別顧客
顧客の匿名性	個別の顧客情報
標準的製品	個別にカスタマイズされた製品
大量生産	個別カスタマイズ生産
大量消費	個別販売
マス広告	個別メッセージ
一方向メッセージ	双方向メッセージ
規模の経済性	範囲の経済性
市場シェア	顧客シェア
全顧客	収益性の高い顧客
新規顧客開拓	顧客維持

(2) 短期的な売上よりも顧客生涯価値の最大化を重視

　昨今のインターネット等の情報技術の普及により、多くの企業にとって新しい顧客を開拓するチャンスが増える一方、長期の得意先を奪われる激しい競争時代に突入しています。

　このような時代に重要なのは、1人の顧客が企業に対してある一定期間にもたらす「顧客生涯価値（LTV：Lifetime Value）」を最大化することです。つまり、できるだけ長くお客様でいていただき、かつ、自社・自店で商品やサービスを購買していただくようにすることです。

　ギリシャの勝利の女神から名前をとった靴メーカーのナイキは、ホームページ上で選んだ運動靴をベースとして、自分オリジナルのデザイン・色にカスタマイズしてオーダーできるサービスを提供しています。こうしてファンを増やす努力をしているのです。

(3) 顧客の獲得よりも維持に注力

これまでのマーケティング理論と実践は、既存顧客の維持や育成よりも、新規顧客の獲得技術に力点を置いてきました。関係を築くことよりも、売上を伸ばすことに注力し、顧客へのアフターサービスよりも事前の広告と販売に力を入れていました。

顧客維持の方法には、以下の2つがあります。
① 他社製品へのスイッチングコストを高めて障壁を設ける
② 顧客の苦情を記録し、顧客満足度を把握する

①を実現するためには、初期投資コストを高くすること、競合店にない特徴を出すこと、固定客向け特典を発行することが重要です。一番取り組みやすいのは、ポイントカードでしょう。

②には難しさもあります。96%の顧客は、何も言わずに別の店に移ってしまうといわれています。不満を言うお客様は貴重な存在です。

(4) ロイヤルティの構築

コストが収益を上回らないようにするために、ロイヤルティ構築のための手段を段階的に考える必要があります。主な方法は次の5つです。
① 基本型マーケティング
　営業は製品を売るのみ
② 受け身型マーケティング
　営業は製品を売り、意見や苦情があれば連絡するよう顧客に伝える
③ 責任型マーケティング
　営業は販売後しばらくしてから顧客に連絡し、製品が顧客の期待通りのものであったかどうかを確認する。さらに、改良すべき点や不満に感じた点を質問する

④積極型マーケティング

　営業は顧客にたびたび連絡をとり、改良された製品の使い方や新製品を提案する

⑤パートナー・マーケティング

　大口顧客のパフォーマンスを向上させるため、継続的に協力する

　市場に顧客が多く、単品当たりの利益マージンが小さい場合、ほとんどの企業は基本型マーケティングを採用します。

　5番目のパートナー・マーケティングの例として、GEが大手顧客の電力会社に自社の技術者を常駐させていることが挙げられます。

図 1-03　関係性を軸としたロイヤルティ

中間業者	高いマージン	中程度のマージン	低いマージン
多い	責任型	受け身型	基本型・受け身型
中程度	積極型	責任型	受け身型
少ない	パートナーシップ	積極型	責任型

section 2　ロイヤルティ・マーケティング

ロイヤルティ・マーケティングの計画

　企業は、ロイヤルティ・マーケティングを計画・実行・評価・改善の4つのプロセスで管理しています。本sectionでは、ロイヤルティ・マーケティングの計画段階を考察します。

(1) 戦略レベルの計画
　多くの企業では、3つの組織レベル（企業レベル、事業部レベル、製品レベル）で戦略を策定します。

　本社では、全社を導くための企業戦略を策定します。どの事業を立ち上げ、どの事業から撤退するか、各事業部にどの程度資源を配分するかを決定します。各事業部は、利益を生み出すための戦略を策定します。最後に、製品レベルのマーケティング計画が策定されます。

　マーケティング計画は、マーケティング努力の方向性を示し、調整するための中心的な存在です。
　次の3つの手順で、実施方法を確認していきましょう。
①企業ミッションの明確化
②外部環境（機会／脅威）分析
③内部環境（強み／弱み）分析

(2) 企業ミッションの明確化
　企業は経営理念（ミッション・ステートメント）を作って、管理職、

従業員、顧客と共有しています。よく考え抜かれた明確な経営理念があれば、従業員は目的、方向性、機会について共通の意識を持つことができます。

　企業のミッション（使命）の定義は、以下の5つです。
①自分たちの事業は何でしょうか？
②顧客は誰ですか？
③顧客にとっての価値は何ですか？
④自分たちの事業の今後の展望は？
⑤自分たちの事業のあるべき姿は？

　成功企業は絶えずこの問いに取り組み、徹底的に考え抜いて答えを出しています。ミッションが現実と合わなくなった場合、方向性にくい違いが生じた場合は、使命を考え直します。
　ロイヤルティ・マーケティングを計画する原点は、経営理念に見ることができます。図1-04は、経営理念における顧客志向の精神の具体例

図1-04	顧客志向の経営理念

ヤマトホールディングスの企業姿勢
　ヤマトグループは、常にまごころを込めた良質のサービスを提供し、
　お客様に満足をお届けします。
　また、常に革新に挑戦し、生活利便の向上に役立つ新しいサービスを
　開発します。

ユニクロの経営理念
第1条　顧客の要望に応え、顧客を創造する経営
　　　　　　　　　　　　︙
第7条　唯一、顧客との直接接点が商品と売場であることを徹底認識した、
　　　　商品・売場中心の経営

ホンダの社是
　わたしたちは地球的視野に立ち、世界中の顧客の満足ために、
　質の高い商品を適正な価格で供給することに全力を尽くす。

です。

(3) 外部環境（機会／脅威）分析

　ロイヤルティ・マーケティング戦略の計画プロセスでは、事業の利益を稼ぎ出す力に影響を与える、主要な外部環境を分析する必要があります。外部環境には「マクロ環境要因」（経済、政治、自然環境、法律、社会、文化的要因）、および「ミクロ環境要因」（顧客、競合他社、流通業者、ディーラー）があります。

　経営者は世の中の動きや変化に関して、機会と脅威を敏感に見極める必要があります。機会を見つけ、発展させ、利益を上げるマーケティング計画が重要です。

　機会に対する計画には、次の3つがあります。
①不足するものを提供する
②既存の製品・サービスを新しい方法で提供する
③まったく新しい製品・サービスを提供する

　脅威に対する計画は、影響度と発生頻度とで分類します。影響度と発生頻度の大きい脅威に対しては、防衛的なマーケティング活動をとる必要があります。脅威が発生する場合に備えて、とるべき行動を詳細に取り決めた、コンティンジェンシー・プランが必要です。

(4) 内部環境（強み／弱み）分析

　マーケティング戦略の計画プロセスでは、事業の内部的な強み、弱みを分析します。具体的には、図1-05に示した項目を自社に当てはめていきます。

　弱みを認識して強みに転換した例では、1995年当時、ソフトウェア

の流通業を営んでいたソフトバンク（当時の売上高約900億円）があります。ビジネス拡大の手段として、自社に大きな弱みがあることに気づきました。それは、ソフトウェアをもっと販売促進するために必要な展示会のノウハウです。ソフトバンクは自社の弱みを補強し、強みに変えるために、アメリカの展示会運送会社コムデックスを約800億円で買収しました。孫社長は大きな勝負に出たのです。

機会を戦略的に取り込んだ例では、京都のMKタクシーがあります。2006年9月より「MKどこナビ」というサービスを開始しました。これまで徹底した顧客サービスと安さを強みとしてきた会社が、GPSの普及という機会を捉えて、顧客が今いる近くのタクシーを呼び出せるシステムを開発したのです。新しいシステムにより、他社の追随を許さないサービスの提供が可能となりました。

外部環境分析により機会と脅威を見極め、内部環境分析により自社の強みと弱みを見極めることをSWOT分析（Strength Weakness Opportunity Thread 分析）と呼びます。

図1-05　強み・弱みの分析項目

❶企業の認知度　　❼流通形態
❷市場シェア　　　❽広告宣伝
❸顧客満足　　　　❾財務的な安定性
❹顧客維持　　　　❿設備能力
❺製品・サービス　⓫従業員の能力
❻価格　　　　　　⓬購買調達能力

section 3　ロイヤルティ・マーケティング

ロイヤルティ・マーケティングの実践

　本sectionでは、ロイヤルティ・マーケティングの実践的手法を考察します。ロイヤルティ・マーケティング実行過程の基本は、顧客を固定客化（ロイヤル・カスタマー化）することです。

(1) 固定客になってもらう方法
　顧客との関係性を密にして、いかに継続的な顧客になってもらうかを確認していきましょう。次の3つの方法が有力です。
①顧客の利益を常に優先する
②顧客と長期的な関係を築く
③顧客に対するアドバイザー的立場をとる

　上記3つの方法は、それぞれ「誠意」「時間」「奉仕」を利用した方法です。
　①は、「誠意」が信頼関係を強固にすることを意味しています。
　②は、顧客の支援を続けることによって、顧客側に立つと認識してもらえるように努力することを意味しています。
　③は、自社に不利な情報であっても、決して顧客を裏切らず、正直になることが最善の策であることを意味しています。
　実例を見ながら、実行過程を考察しましょう。

(2) 顧客の利益を常に優先
　2001年から2007年までは、食品偽装問題をきっかけに経営破たんが

続出しました。

　2008年9月、米販売会社の三笠フーズの関連会社辰之巳が、「事故米」を食用として不正転売していた問題が明らかになり、その被害者として、美少年酒造がマスコミに取り上げられました。
　ところが、2009年3月31日、美少年酒造が辰之巳から、2007年までの約20年間にわたり多額の裏金を受け取っていた事実を記者会見で発表しました。酒の原料米として仕入れた一等米を、辰之巳が仲介して「その米を売却して3等米など安い米に買い替えて精米」し、差額が裏金として三笠フーズから直接美少年酒造へ届けられていました。

　このことが発覚して従業員、顧客、取引先などから問い合わせが殺到し、もともと日本酒離れで売上が落ち込んでいたところにこの騒動で、美少年酒造は事業継続が難しくなりました。
　誠意のない対応が、一挙に経営を破綻へと向かわせたのです。

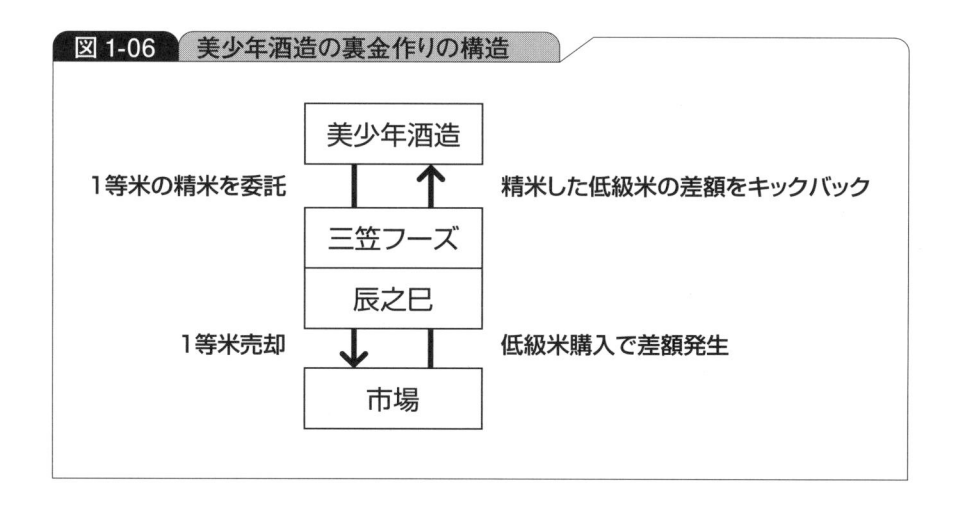

図1-06　美少年酒造の裏金作りの構造

1等米の精米を委託　→　美少年酒造　←　精米した低級米の差額をキックバック
　　　　　　　　　　　三笠フーズ
　　　　　　　　　　　辰之巳
1等米売却　　　　　→　市場　　　　　　低級米購入で差額発生

(3) 顧客との長期的な関係の構築

　日本の老舗には、顧客との長い関係を維持している企業が数多くあります。

　イワキメガネ（東京都）は、1932年創業のメガネの専門店です。徹底した顧客第一主義が、伝統として受け継がれています。
　目の前の利益を追いかけるのではなく、まずはお客様のためを考えます。そのため、メガネが必要ないと思われるお客様には商品を勧めないこともあります。

　顧客に対して優しいばかりではありません。イワキメガネの店舗では従業員がみな幸せそうです。イワキメガネの顧客志向は、社員に対しても向けられているのです。
　たとえば、社員の人生設計を考えた研修や人事体制、育児休業や介護休業制度などの福利厚生が充実しています。社員一人ひとりを時間をかけて教育し、専門技術を身につけさせています。勤続年数が短いといわれる販売職も、イワキメガネでは勤続20年、30年の社員がたくさんいます。
　顧客カードを通じてお客様と長い関係を築きながら、本物の接客を追求しているのです。

　顧客を支援し続けることにより、以下の点で企業に大きな価値をもたらします。
①顧客の強力な絆を構築
②顧客ニーズ・問題点に気づき、理解
③自社の売上に貢献

(4) 顧客にとってのアドバイザー的立場を確立

　信頼を得るためには、競合他社の製品と比較し、顧客にとってのベストを提案することが大切です。

　日産自動車の「ティーダ」のホームページには、競合他社比較のページへのリンクがあります。このボタンをクリックすると、トヨタのプリウスとホンダのインサイトとの比較のページが表示されます。基本仕様としての燃費はどうか？　大きさはどうなのか？　メーカーオプションの違いは？　などを、他社のホームページに移動しないで確認することができます。

図1-07　日産自動車

（日産自動車ホームページより）

section4　ロイヤルティ・マーケティング

ロイヤルティ・マーケティングの評価

　顧客ロイヤルティの維持に関して、4つの事実があります。
①平均的に毎年10%の顧客を失っている
②業界にもよるが、顧客の離反率を5%減らせば、利益は25～85%増加する
③新顧客獲得には、既存顧客を満足させ維持するのにかかるコストの5倍のコストを要する。他社製品に満足している顧客をスイッチさせるには、多大な労力が必要となる
④個々の顧客に対する利益率は、顧客が長く維持されるほど増加する

　これらの指摘により、顧客をどの程度維持しているのかを確認することで、ロイヤルティ・マーケティングの評価の指標となることがわかっていただけることでしょう。

(1) 市場の種類とロイヤルティ・マーケティングの評価
　長期的な購買の動向と、いかに簡単かつ頻繁に顧客となったりやめたりするかによって、市場を3種類に分類することができます。

　それぞれの市場について、具体的に考えてみましょう。
①永久獲得市場
②単純維持市場
③顧客移動市場

(2) 永久獲得市場

　一度顧客になれば、永久に顧客であり続ける市場を永久獲得市場と呼びます。老人ホームや医療サービスなどがこの市場に当てはまります。

　東京都下JR青梅線河辺駅に、老人向けの青梅慶友病院があります。全国の病院の約7割が赤字経営の中、2桁の経常利益を上げ続けています。一般の老人向け病院に比べて10～20％高い月額約20万円という入院負担にもかかわらず、圧倒的な顧客満足度を誇っており、新規入院患者の90％超が口コミです。しかも、入院するまでに約500人が順番待ちだということです。

　青梅慶友病院の大塚理事長は「顧客満足こそが最大のPR」と発言しています。患者のことを「患者様」の呼称で呼び、サービスは徹底して個別対応しています。

　従業員にも愛情を注いでおり、全職員の誕生日に直筆のカードと勤続年数に応じた本数のバラの花束がプレゼントされるそうです。1,000名を超える職員の一人ひとりが毎年祝福されます。

　青梅慶友病院では、新規顧客獲得のうち、固定客を口コミで獲得する割合が、ロイヤルティ・マーケティングの評価指標となっています。

図1-08　青梅慶友病院の理念

「サービスを積みかさねることによって、満足の度合は高まっていきます。が、一つでも不備があると、それまでのすべてが消えてしまう。つまり、100－1＝0なのです。一人ひとりの責任はきわめて重大です。あなたの対応は、いつも病院全体を代表しているのですから」

『輝きを呼び戻せ』（青梅慶友病院発行）より

(3) 単純維持市場

　一定期間が過ぎれば、顧客が永久に離れる可能性のある市場が単純維持市場です。例えば、通信サービス、金融サービス、出版物の購読などがこの部類に入ります。

　静岡県の地銀スルガ銀行は、従来は顧客の9割が法人客でした。1986年に「ターゲット顧客の切り替え」により、法人客から個人客への切り替えに成功しています。
　企業思想には「挑戦者たちの隊列」、ミッション（使命）には「〈夢をかたちに〉する、〈夢に日付を〉入れるお手伝い」を選びました。
　スルガ銀行は、金融機関でかなり進んだCRMシステム（カスタマー・リレーションシップ・マネジメント・システム）を導入しています。
　個別のお客様に関して、住所、家族構成、最近購入した金融商品、コンタクト履歴などの情報を得たうえで、どの社員が対応しても最新の顧客情報に基づいた対応が可能です。
　情報蓄積量の多い順番に青、黄、赤で識別できるようにし、背景色には得意客（金）、住宅ローンや資産運用取引の潜在顧客（水色）、ローン見込み客（緑）を使って、すぐにお客様との会話の内容を考えることができるようにしています。こうした情報を踏まえ、最低3カ月に1回はお客様と接触するようにしています。
　スルガ銀行では、お客様との非接触期間が、ロイヤルティ・マーケティングの評価指標となっています。

(4) 顧客移動市場

　顧客がスイッチを繰り返す可能性のある市場が顧客移動市場です。カタログ販売や消費財、航空会社などがこれに当たります。
　オリジナルバッグを中心に、40年以上革製品を作り続けてきたイビ

サは、正社員94人、準社員129人、販売員177人で34億円強を売り上げ（2010年4月期実績）、無借金経営を貫いています。50〜60代の女性をメインターゲットに、累計で1,000万円を超える買い物をするロイヤル・カスタマーらに支えられ、特に宣伝をしていないにもかかわらず、口コミで広がった結果、顧客名簿には120万人が登録されています。

イビサは、素材の調達・デザイン・製造・流通・販売・アフターケアを一貫して自社で完結して提供しています。これには理由があります。「お客様の満足度を高め、一人ひとりと末長く、直接かかわってお付き合いしていきたい」という強い想いがあるためです。

一方、新製品に取り組む際には、柔軟な対応が求められる上流の製造工程を地元のパートタイマーに任せています。そうすることで、頑固な職人が、ユーザーニーズを取り込む際のネックとなることはなくなりました。

イビサは、累計購入金額がロイヤルティ・マーケティングの評価指標となっています。

図1-09　イビサの3つの第一主義

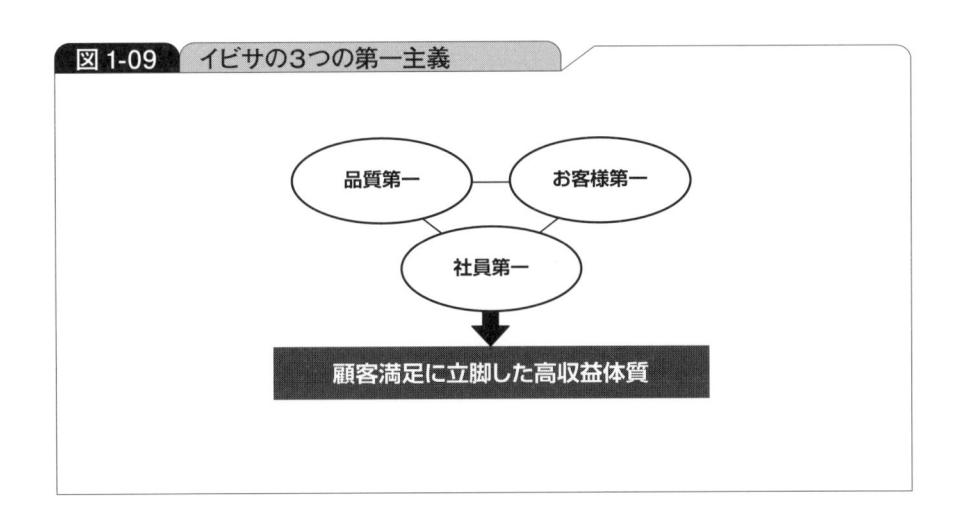

品質第一　お客様第一　社員第一

→ 顧客満足に立脚した高収益体質

section 5　ロイヤルティ・マーケティング

ロイヤルティ・マーケティングの改善

　本sectionでは、ロイヤルティ・マーケティングの改善に関して考察します。

　マーケティング部門は、どうすれば顧客に喜ばれるサービスを提供できるかを考えています。ところが他の部門では、事情が異なります。
　他の部門では、自部門が努力しているにもかかわらず、顧客志向の観点がありません。財務部では、どうすれば経費を削減し、収益を上げることができるかに主眼を置いて、安い人件費と調達を実現することを考えています。人事部は、マーケティング能力の高い人材やサービス精神が高い人材の採用を行うよりも、今までの基準や企業文化に合った人材を選ぼうと努力し、企業文化を乱す可能性のある多様性のある人材を採用しようとはしません。
　これでは、マーケティング部門が顧客満足度の向上をもくろんでも、効果が出ないばかりか、他の部署は妨害をしていることになります。ロイヤルティ・マーケティングの改善には、全社の連携が欠かせません。マーケティングは、マーケティング部門だけの問題ではないのです。

(1) 全社のマーケティング活動
　会社の機能を8つに分類し、ロイヤルティ・マーケティングの観点で各部門のあるべき姿を見ていきましょう。

①研究開発部門
A. 営業部門と定例会議を実施して、顧客の抱える問題を具体的に把握する
B. 新規プロジェクトでは、マーケティング部門、製造部門などにも積極的に参加を求める
C. 外部研修会や展示会に参加し、市場ニーズに基づいた継続的な製品の改善と改良に努める

②購買部門
A. 自社に売り込みがあるといった身近な尺度で供給業者を選択せず、選択眼を持った顧客の眼にかなうように最良の供給業者を積極的に探す
B. お客様との長期間にわたる関係を支えるように、信頼できる供給業者と長期的な関係を構築する
C. 費用の節約のために品質を犠牲にしない

③製造部門
A. 顧客を工場見学に招待する
B. 約束した納品スケジュールを死守する
C. 不良品ゼロを目指して品質を上げる努力をする
D. 製造期間を短縮し、製造費用を削減する手段を常に考える
E. 収益が見込める範囲で、顧客からのカスタマイズの要望に応える

④マーケティング部門
A. ターゲットの潜在収益に応じて、マーケティング活動を研究する
B. 顧客に対する自社のイメージと顧客満足度を継続的に調査する
C. 顧客のニーズに合った新製品、製品改良、サービスのためのアイデ

アを、従来の業界以外からも積極的に収集する
D．ターゲットにふさわしい製品・サービスを開発する
E．顧客中心の思考と行動をとるように、自社のあらゆる部門に影響を与える

⑤販売部門
A．顧客の事業分野に関する専門知識を持つ
B．顧客に「最高のソリューション」を提供するように努める
C．守れない約束はしない

⑥物流部門
A．納期に厳しいルールを設け、基準を守る
B．顧客の苦情・質問・問題に迅速な対応をする
C．知識豊富で親しみやすいカスタマー・サービスを実施する

⑦経理部門
A．製品、市場セグメント、地域、プロジェクト、個々の顧客ごとに定期的に「収益性」の報告書を作成する
B．顧客のニーズに合った送り状を作成し、顧客からの問い合わせに丁寧かつ迅速に回答する

⑧財務部門
A．顧客の長期的なロイヤルティを引き出すためのマーケティング費用に対して理解があり、支援する
B．顧客の財務上の必要に応じて、取引の財務条項を調整する

(2) 創造的マーケティング組織の構築

多くの企業は自社が顧客志向ではなく、製品あるいは販売志向であることに気づき始めています。

昭和シェル石油、ＪＰモルガン、ＧＭのような会社は、自社を真の顧客志向の企業に転換しようとして、次の３つのことを実践しています。
① 全社的な顧客志向意識の養成
② 製品中心でなく顧客中心の組織編成
③ 質・量ともに充実した顧客を理解するための調査推進

顧客志向かつ創造的でなければ、激しい競争環境の中で生き抜くことはできなくなっているのです。

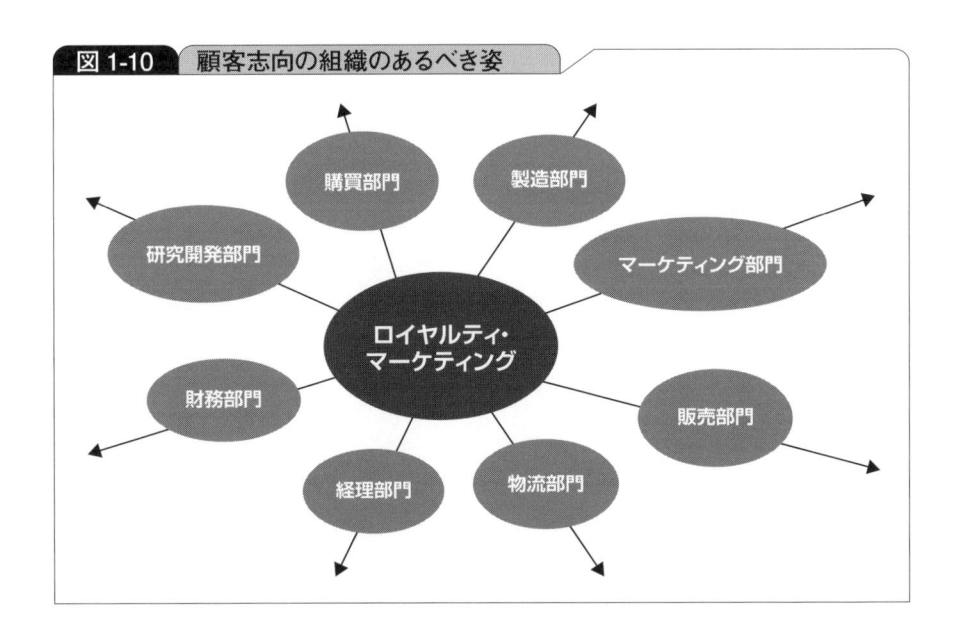

図 1-10　顧客志向の組織のあるべき姿

中心：ロイヤルティ・マーケティング
周囲：購買部門／製造部門／マーケティング部門／販売部門／物流部門／経理部門／財務部門／研究開発部門

section 1　顧客志向の時代
section 2　顧客志向の重要性
section 3　顧客志向の実現
section 4　顧客志向と顧客管理
section 5　顧客管理が有効でない場合

PART 2

顧客管理

顧客志向の背景は?
顧客の維持はなぜ重要なのか?
顧客を維持する具体的方策は?
顧客管理の手法を理解する。

section 1 　顧客管理

顧客志向の時代

　ロイヤルティ・マーケティングは、ロイヤルティの高い顧客は誰かを考察し、彼らとの信頼度を高めます。したがって、ロイヤルティ・マーケティングの中心軸は顧客志向です。

　顧客志向とは、顧客の満足度を高めながら利益を獲得する考え方です。世の中にモノがあふれ生活必需品が揃っている今日、今後購入するものは顧客側に選択権が移っており、顧客志向は至上命題です。

　本sectionでは、顧客志向の時代とはどんな時代なのかを考察します。

(1) プロダクトアウトからマーケットインへ

　製品を先に作って販売するプロダクトアウトに対して、マーケットインでは、顧客ニーズを分析してその要求に応える製品を市場に提供します。マーケットインの考え方は、顧客に喜ばれ、かつ自社の利益にも結びつきます。

　ただし、顧客の要求にすべて応えていたら、企業はコストがかさんで、利益を生むことはできません。顧客志向の本質は、いかにコストを抑えて顧客満足を得るかという方法論と、顧客の求めるものを追究する感覚から生み出され、企業にも顧客にも有益となるものです。

　マーケットインで満足すべき顧客の動向を、次の3つのトレンドからつかんでいきましょう。

①少子高齢化
②価値観の多様化
③IT革命

（2）少子高齢化

2010年10月時点で65歳以上の高齢者人口は2,941万人となり、総人口に占める割合（高齢化率）は23.1％となりました。

今後の高齢化率の推移を見ると、2015年26.9％（4人に1人）、2035年33.7％で3人に1人、2055年には40.5％となり、2.5人に1人が65歳以上の高齢者となる社会が到来すると予測されています。

少子高齢化時代の新しい消費傾向が既に現れてきており、この流れは今後の大きなトレンドになる可能性があります。ここでは、新しい消費傾向の例として3つを取り上げます。

①生活必需品よりも、生活に密着しない雛人形、高額の旅行ツアー、生涯学習、フィットネスクラブのような消費が盛んとなっている

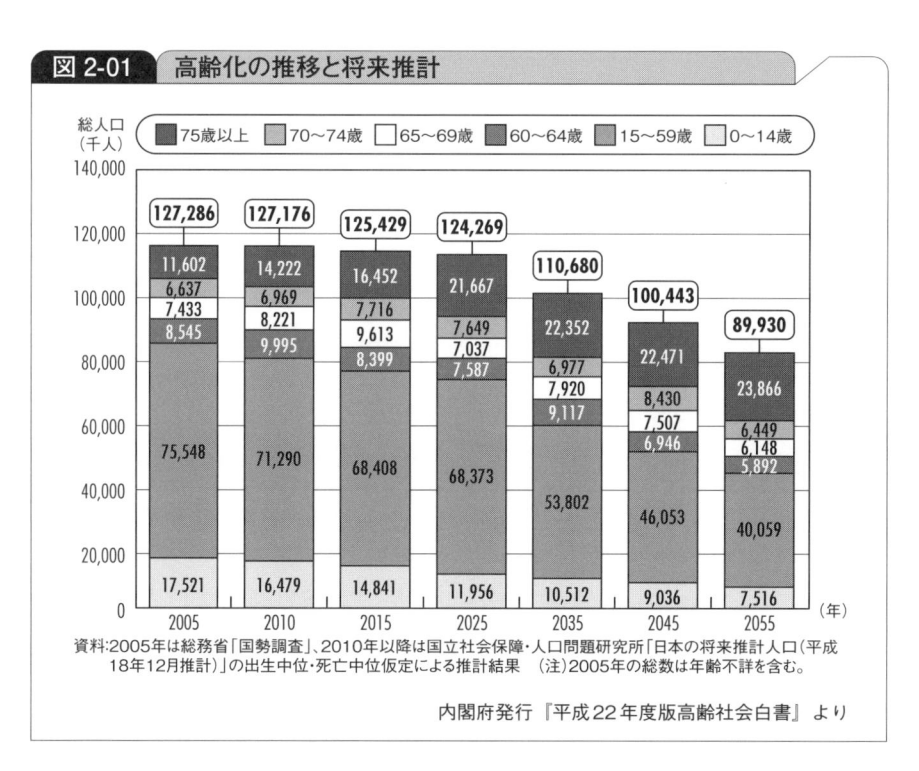

図2-01　高齢化の推移と将来推計

年	総人口	75歳以上	70～74歳	65～69歳	60～64歳	15～59歳	0～14歳
2005	127,286	11,602	6,637	7,433	8,545	75,548	17,521
2010	127,176	14,222	6,969	8,221	9,995	71,290	16,479
2015	125,429	16,452	7,716	9,613	8,399	68,408	14,841
2025	124,269	21,667	7,649	7,037	7,587	68,373	11,956
2035	110,680	22,352	6,977	7,920	9,117	53,802	10,512
2045	100,443	22,471	8,430	7,507	6,946	46,053	9,036
2055	89,930	23,866	6,449	6,148	5,892	40,059	7,516

資料：2005年は総務省「国勢調査」、2010年以降は国立社会保障・人口問題研究所「日本の将来推計人口（平成18年12月推計）」の出生中位・死亡中位仮定による推計結果　（注）2005年の総数は年齢不詳を含む。

内閣府発行『平成22年度版高齢社会白書』より

②生活必需品の中でも紙おむつ市場は、2007年全体で約2,400億円市場である。子供向けおむつが約1,300億円市場で伸び悩む一方、介護おむつ市場は年3％〜4％の伸び率で市場が拡大している
③子供向け支出は右肩下がりなのに対して、ペット向け支出が増え、総務省『家計調査年報』によると、2005年には1990年の約2倍を記録している

(3) 価値観の多様化

　消費者が質的な豊かさを求める今日の消費の特徴は「多様性」と「異質性」です。多様な消費者の存在により市場が細分化したことで、大規模小売業はスケールメリットが発揮できなくなりました。
　平均的なニーズの消費者が極端に減り、規格品では満たされないニーズや、大量消費には距離を置く消費者層をターゲットにした「小さいけれども確実な需要」が創造されます。
　戦後の高度経済成長時代には、「規模」が顧客を引きつける魅力でした。少子高齢化が進み、成熟した低成長時代には、「個性」が顧客を引きつける魅力となっています。

(4) IT革命の進展

　総務省の調査（平成22年通信利用動向調査）によると、1997年には総人口の10％に満たなかったインターネット利用者は、2010年には78.2％に急増しており、約9,500万人が利用していることになります。高齢者も、インターネットを使う目的でパソコンを始める人が増えており、今やインターネットは、日本人の生活に完全に溶け込んでいます。
　総務省の別の調査（家計消費状況調査）によると、2人以上の世帯について、ネットショッピングへの1世帯当たりの1カ月間支出総額を見ると、平成14年は1,000円でしたが、22年は3,900円となり、10年前に

比べ約3倍になっています。

　ネット上の価格比較サイトや掲示板サイトには、一般の消費者が発信した、膨大な量の情報が掲載されています。何を買うか、どこで買うかといった選択に際して、一般消費者からの情報を頼る人が増えたことは、大きな意味を持っています。消費者に対する影響力が、店頭からマスメディア、消費者自身へと移行し始めていることを示しています。

　いつの時代にも、消費者は企業に対して懐疑的な目を向けがちです。どれだけ消費者の味方だと宣伝し、本気でそれを実践しても、消費者の信頼を得ることは容易ではありません。インターネットは、口コミを仕組み化し、消費者が消費者発の情報に頼る傾向に拍車をかけています。

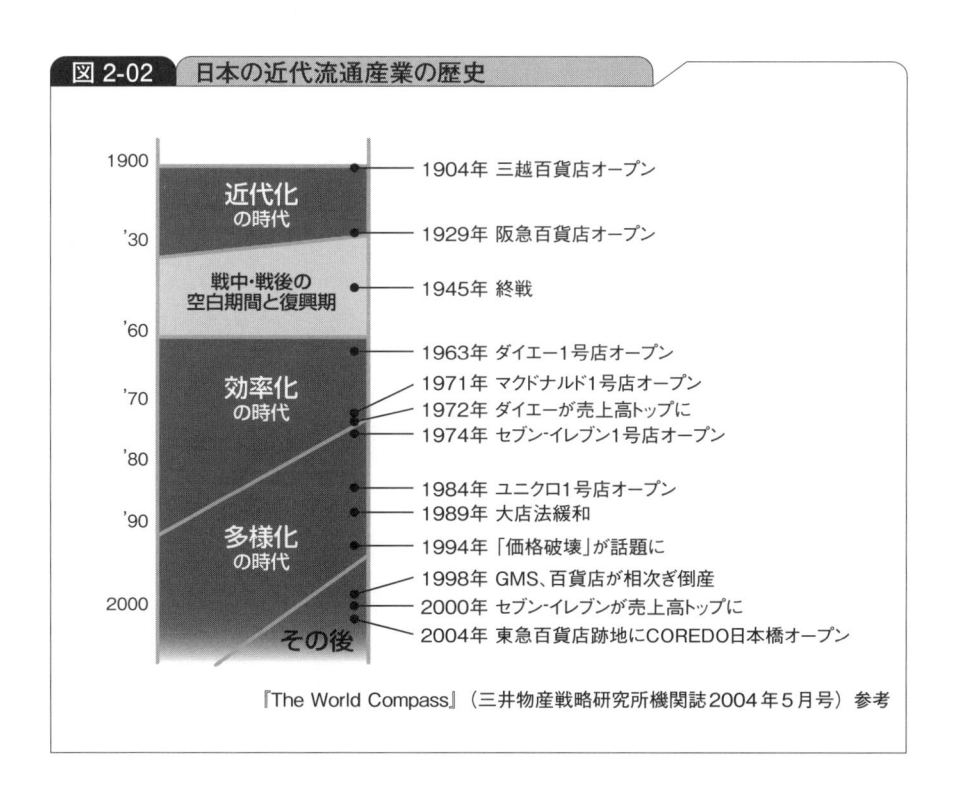

図 2-02　日本の近代流通産業の歴史

年代	時代区分	出来事
1900	近代化の時代	
		1904年 三越百貨店オープン
'30		1929年 阪急百貨店オープン
	戦中・戦後の空白期間と復興期	1945年 終戦
'60		
	効率化の時代	1963年 ダイエー1号店オープン
'70		1971年 マクドナルド1号店オープン
		1972年 ダイエーが売上高トップに
		1974年 セブン-イレブン1号店オープン
'80		
		1984年 ユニクロ1号店オープン
'90		1989年 大店法緩和
	多様化の時代	1994年 「価格破壊」が話題に
2000		1998年 GMS、百貨店が相次ぎ倒産
		2000年 セブン-イレブンが売上高トップに
	その後	2004年 東急百貨店跡地にCOREDO日本橋オープン

『The World Compass』（三井物産戦略研究所機関誌2004年5月号）参考

section 2 | 顧客管理

顧客志向の重要性

　アパレルのカタログ販売で全米第2位のランズエンドは、品切れによる販売機会の損失リスクと顧客を失うリスクを最小化するため、高い在庫水準を維持しています。在庫削減よりも顧客志向を重視しているのです。本sectionでは、顧客志向の重要性について考察します。

(1) 事業戦略立案の前提
　1994年に、ランズエンドのCEOウィリアム・エンドは、こう言っています。
　「新規ユーザーを数年間自社の顧客として維持できなければ採算がとれない。顧客獲得に使う費用を長期的に回収する仕組みが必要だ」
　この発言は、ランズエンドのマーケティングの目的が、製品販売ではなく、顧客維持を目標としていることを意味しています。
　顧客志向の会社にとって、事業を成功させることとは、顧客を獲得し、維持し続けることによって、顧客価値(顧客の購買における自社製品の割合や、顧客満足度)を高めることです。
　次の3つの手順で、顧客志向を実施する方法を確認しましょう。
①新規顧客獲得のための最適投資額の算出
②顧客維持のための最適投資額の算出
③新規顧客獲得と既存顧客維持への投資配分のバランスの決定

(2) 新規顧客獲得のための最適投資
　テストケースとして、1つの製品のみを販売する企業を考えます。こ

の製品の購買サイクルは、年に1、2回程度とします。他社に移行した顧客を再度自社に取り戻すために必要なコストを、新規顧客獲得にかかるコストと同じ額として計算します（通常のスイッチバックコストは、新規獲得よりは低コストとなります）。

前提条件は、以下の通りです。
①新規顧客獲得のためにかかった年間費用……500円／1潜在顧客
②潜在顧客から新規顧客となった割合……20%
③無限に投資可能であれば、新規顧客となった割合……40%

これをグラフ化したものが図2-03です。下の曲線が、新規獲得投資の多寡によって、新規獲得率がどう変化するかを示しています。上の曲

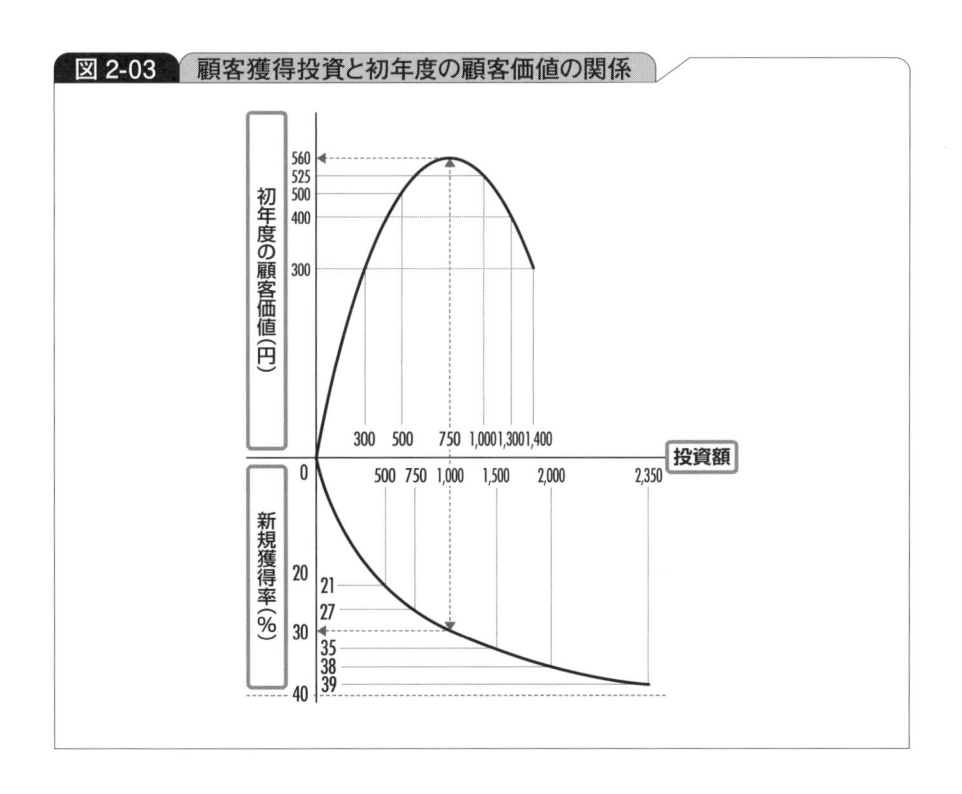

図2-03　顧客獲得投資と初年度の顧客価値の関係

線は、初年度に得られた顧客からの利益情報を使って作成した、顧客価値（正味現在価値、NPV）の曲線です。

投資が小さくても熱烈なファンは飛びついてきますが、熱心でない顧客を引き込むのはそれなりにコストがかかるのです。一定レベル以上の投資は、回収が難しいために右肩下がりの曲線となってしまいます。

(3) 顧客維持のための最適投資額

次に、顧客維持のグラフを描くために前提条件を明確にします。
①昨年顧客維持のためにかかった年間費用……1,000円／1顧客
②年初の既存顧客のうち維持できた割合……40%
③無限に投資可能であれば、顧客維持できた割合……70%

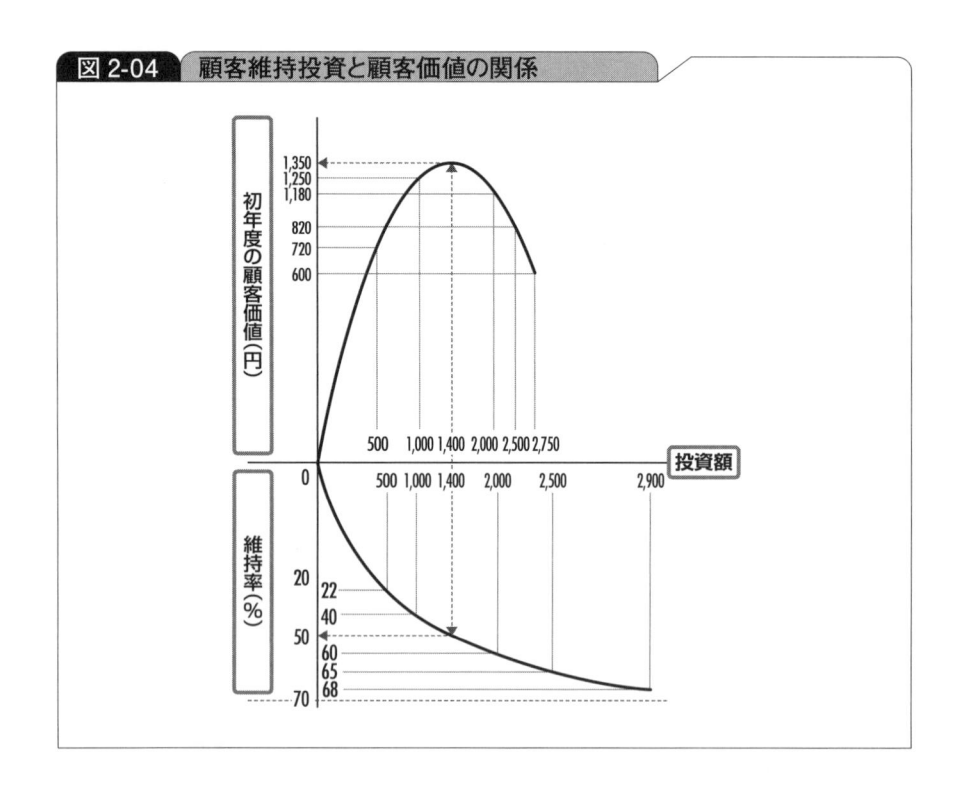

図2-04　顧客維持投資と顧客価値の関係

グラフ化したものが図2-04です。下部の曲線が、顧客維持投資額と維持に成功した割合の関係の曲線です。

グラフの上部の逆U字型の曲線が、顧客維持の結果、得られた利益情報を使って作成した、顧客価値（正味現在価値：NPV）の曲線です。右上がりの部分では、企業が顧客維持投資を行うほど顧客は他のブランドにスイッチするインセンティブを失うため、顧客価値が増大していきます。ある投資額を超えると、企業がかけるコストが大きくなりすぎて、顧客価値を押し下げるようになり、曲線は右下がりとなります。

(4) 新規顧客獲得と既存顧客維持への投資配分のバランス

新規顧客獲得と既存顧客維持への投資配分のバランスは、いつも同じではありません。いろいろな要因を考えながら、モデルによって得られるバランスを常に見直す必要があります。

以下の6項目はガイドラインです。
①最も価値の高い顧客に投資
②プロダクトマネジメントからカスタマーマネジメントへ
③追加販売やクロスセリングで顧客価値を増大する
④新規獲得コストを下げる工夫をする
⑤顧客維持の難易度を常にモニターする
⑥新規獲得と顧客維持は別のマーケティング組織に担当させる

section 3　顧客管理
顧客志向の実現

　顧客志向を実現している会社を取り上げることで、顧客志向を実現する具体策について考察します。

(1)「狩猟型」マーケティングと「牧畜型」マーケティング
　なるべく多くの顧客を囲い込むために、「消費者の属性や地理的要因に基づいて市場を細分化し、その中で自社の強みを十分に活かせる市場を選択し、市場に合わせて商品やサービスを提供する」という伝統的なマーケティング手法は「狩猟型」マーケティングと呼ばれます。
　獲得した顧客との間に望ましい関係を築き、そこから最大限の利益を得るという顧客維持型マーケティングは「牧畜型」マーケティングと呼ばれます。
　後節では、具体的に、「狩猟型」「牧畜型」両方の「バランス型」の3つの事例を見ていきます。
①新しいアイデアで新規顧客の開拓に臨み、会社の危機をうまく乗り越えたハーツ
②過疎化・高齢化する田舎で、顧客維持により大手家電チェーンに対抗する峯田電器
③顧客志向のITシステム導入により、既存顧客の維持と新規顧客開拓のバランスをうまくとった創業400年の老舗、五十二萬石如水庵

(2) 新規顧客の獲得中心の事例
　運送業のハーツ（東京都品川区）の田中社長は、ある日、売上の8割

を占めていた会社から取引停止を言い渡されました。売上はゼロに近づき、自殺を考えたそうです。

考えた末にロゴを作り、引越し業を始めました。手応えはありましたが、引越しは繁忙期と閑散期が極端で、他社との差別化が不可能でした。

そんな中、テレビでおなじみの"鳥人間"飛行機の運送依頼がありました。その1つの案件から、「レントラ便」という新しい運送サービスが誕生しました。"30分だけレンタルできる運転手付きトラック"というシステムです。

スタートは2006年6月、以来毎月売上を伸ばし、2008年7月は前年同月比220％を突破しました。ホームページには、ユーザー直筆のたくさんの感謝の手紙が並んでいます。

必死にお客様のニーズに食らいつき、成功したのです。

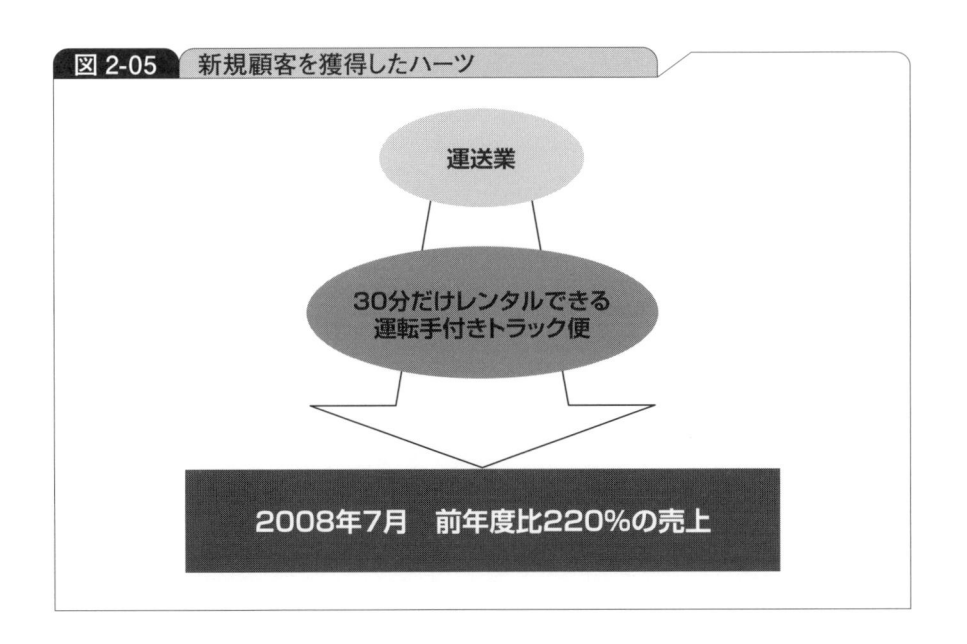

PART 2 顧客管理

図 2-05　新規顧客を獲得したハーツ

運送業

↓

30分だけレンタルできる
運転手付きトラック便

↓

2008年7月　前年度比220％の売上

(3) 既存顧客の維持中心の事例

　峯田電器（山形県山辺町）の峯田社長は、大きな岐路に立たされました。突然、店のすぐ近くに大型電器店が出店したのです。商品が豊富に並び、駐車場もたくさんあります。大型電器店は安売りのチラシを大量にばらまき、大切なお客様をあっという間に奪ってしまったのです。

　危機的状況の中で峯田社長は、1軒1軒の個人宅の訪問を始めました。お年寄りの自宅に大型液晶テレビを持って行き、「数日間、商品を置いていきます。楽しみながら体感してください」と声をかけます。

　数日後、社長は預けておいたテレビを引き取りにお客様を訪問します。

　すると、再訪問の際、多くのお客様がそのまま商品を購入するのです。大型液晶テレビを体感したおばあちゃんは、「あの大きな画面のテレビに慣れてしまったら、小っちゃい画面のテレビに後戻りできないね」ということになるのです。

　こうした差別化の結果、年商5億円の電器店となり、今も成長を続け

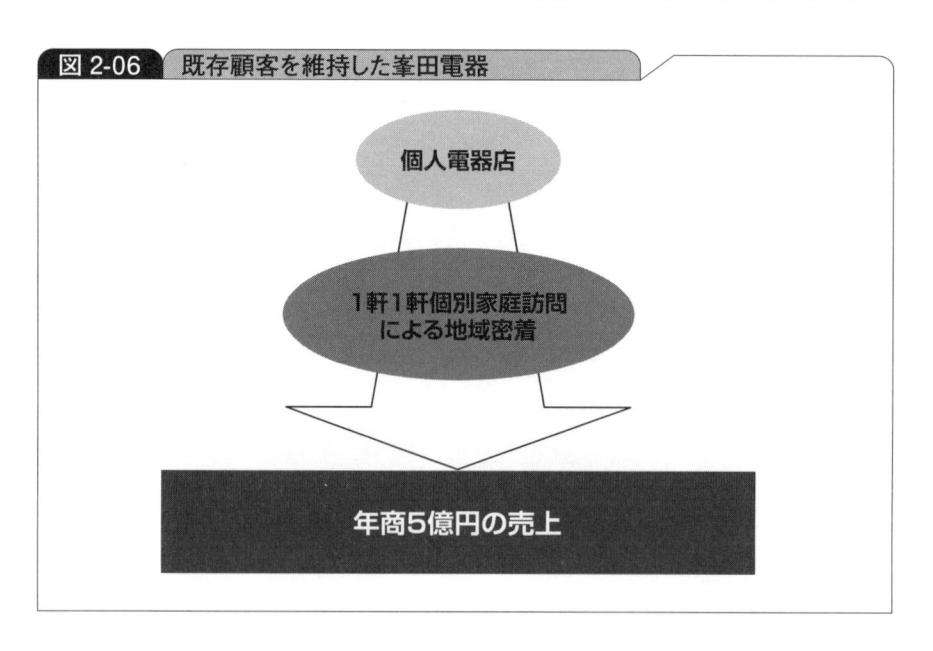

図 2-06　既存顧客を維持した峯田電器

個人電器店
↓
1軒1軒個別家庭訪問による地域密着
↓
年商5億円の売上

ています。

(4) 新規顧客の獲得と既存顧客の維持のバランス事例

　五十二萬石如水庵（福岡市、森恍次郎十六代当主）は、天正15年（1587年）創業、日本で最古の和菓子屋の一つです。

　平成10年に、消費環境の激変により変化する顧客のニーズをいち早くつかめるように、基幹業務のＩＴ化に取り組みました。新規客の成約率・定着率はつかみにくいものの、既存客は固定客（ファン）になる確率が高いのです。そこで既存顧客を資産として捉え、顧客接点を持つすべての組織が情報を活用し、既存顧客との密着度を高めることにしました。

　接客面で気をつけたのは、以下の3点です。

①顧客との関係作り＝上得意客作り
②得意客作り＝顧客内のシェア向上
③支持者作り＝客が客を連れてくるように注力する

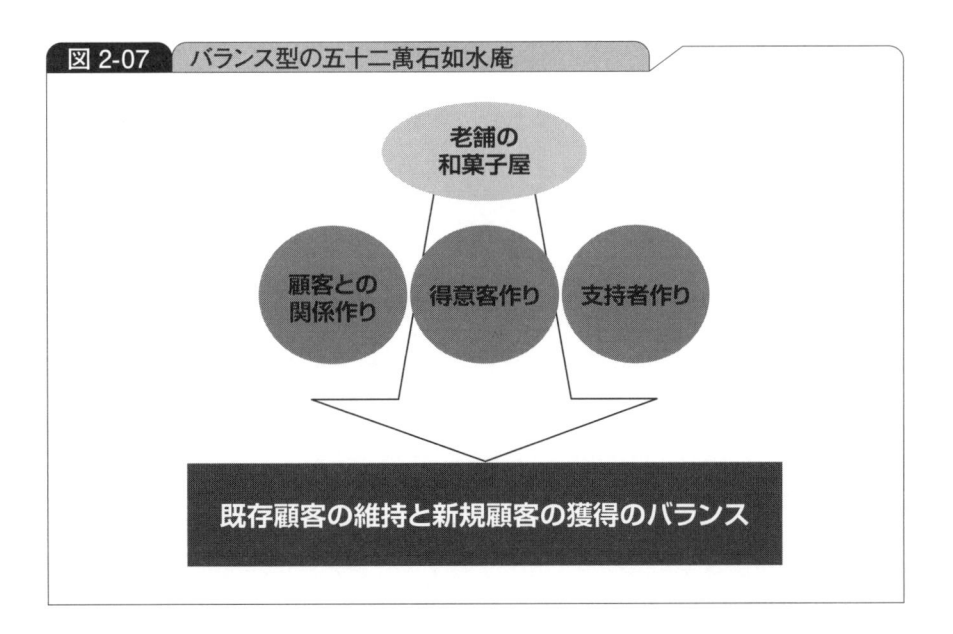

図 2-07　バランス型の五十二萬石如水庵

老舗の和菓子屋

顧客との関係作り　得意客作り　支持者作り

既存顧客の維持と新規顧客の獲得のバランス

section 4 　顧客管理

顧客志向と顧客管理

　前sectionでは、顧客志向を実現するには2つの方向があることを紹介しました。新規顧客の開拓と既存顧客の維持です。いずれの場合も、顧客を管理することで、効率的に顧客志向を実現できます。
　本sectionでは、顧客管理について考察します。

(1) リピート顧客のもたらすメリット
　アメリカの大手自動車メーカーのGMは、自社の経営するディーラーの新規顧客1人につき約27万6000ドルの価値があると見積もっています。自動車が寿命を迎えるまで顧客を満足させ、次の購買に結びつけることがいかに重要かがわかります。
　アメリカの大手ファストフードチェーンのタコベルの経営幹部は、タコスは1つ1ドル程度と低単価ですが、常連客には1万1,000ドルの価値があると判断しています。リピート客の重要性について従業員と共通認識を持つことで、タコベルのマネジャーは、従業員にも顧客に満足してもらうことの重要性を徹底しています。
　2つのケースとも、結果的に長期の常連客作りが、いかに企業に利益をもたらすかを示しています。顧客管理には、3つの利点があります。
①顧客ニーズの把握
②販売促進
③顧客ロイヤルティの向上

(2) 顧客ニーズの把握と顧客管理

顧客を管理すると、顧客ニーズを効率的に把握することができます。

①見込み客を特定する

多くの企業は自社の製品・サービスを広告し、見込み客からの関心を引きつけます。広告には普通、返信はがきや電話番号といった返信手段が明記されています。

データベースは、返信をもとに構築されます。企業はデータベースを分類し有望な見込み客を識別して、電子メール、電話、郵便によってコンタクトし、顧客になってもらう努力をします。

米国の電話会社Q社は、通話料金分析ツールを顧客に提供しています。データベースには、顧客1人当たり200以上の通話パターンの記録が保存されています。地域特性、相手先属性、市内通話と長距離通話との比

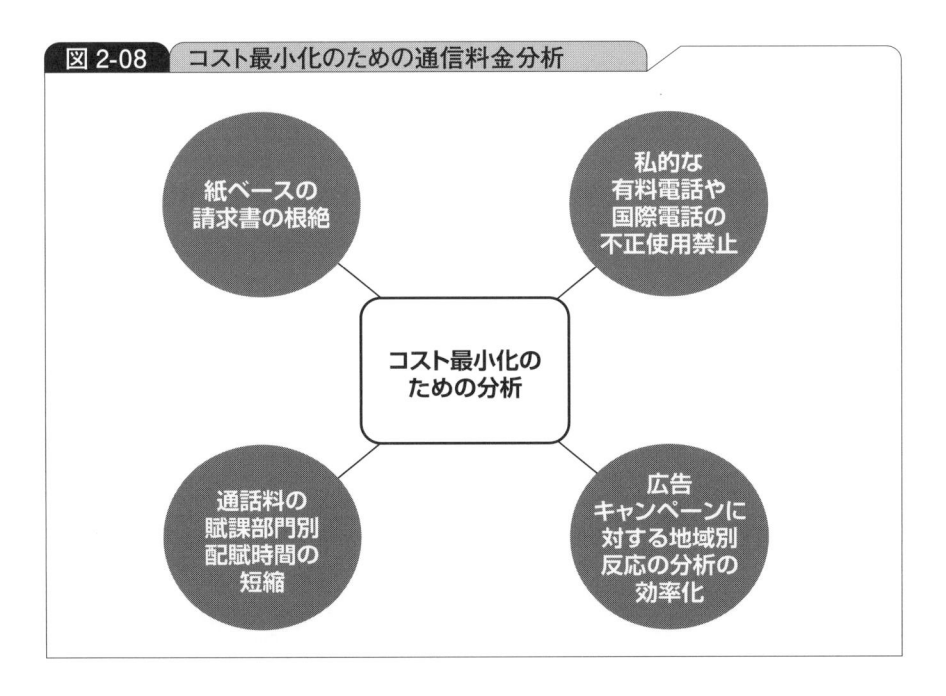

図 2-08　コスト最小化のための通信料金分析

- 紙ベースの請求書の根絶
- 私的な有料電話や国際電話の不正使用禁止
- 通話料の賦課部門別配賦時間の短縮
- 広告キャンペーンに対する地域別反応の分析の効率化

（中心：コスト最小化のための分析）

PART 2　顧客管理

率、ボイスメールの有無を確認し、顧客のコスト削減、不正使用防止、生産性向上等の可能性を推測します。

(3) 販売促進と顧客管理

顧客を管理すると、販売促進を効率的に実施することができます。

① どの顧客にどのような提案をすべきか判断する

企業は、製品・サービスをただ売るばかりではなく、アップセリングやクロスセリングをしたいと考えています（アップセリングとは、顧客が検討しているものより高ランクの製品・サービスを販売すること、クロスセリングとは、顧客が購買するものに関連する製品・サービスを販売することを指します）。そこで、特定のお得意様向けプログラムを提供するためのターゲット顧客を選定します。

次に、顧客データベースからターゲットとして最もふさわしいタイプを探し出します。ターゲット顧客に向けて販売促進を実施します。返信率を測定することで、ターゲットへの的中率を徐々に向上させていくことができます。

通信販売会社のF社は、データベースや顧客との関係性を築くことによって全米でも屈指のダイレクトメール・マーケティングを駆使する会社となっています。同社は、年齢、未婚・既婚、子供の数などの情報のほか、趣味、関心事、誕生日まで顧客データベースに蓄積しています。すべての顧客に同じカタログや案内状を送付するのでなく、顧客一人ひとりが買いそうな品物を特にきめ細やかに提案します。

懸賞くじを毎年実施したり、景品を贈ったりする定期・不定期の販売促進により、顧客と継続的な接触を保っています。現在は、Webサイトにデータベース・マーケティングを応用しています。

(4) ロイヤルティ向上と顧客管理

　顧客を管理することにより、購買特性を分析し、ロイヤルティ向上を効率的に実施することができます。

①購買履歴から顧客の嗜好を覚える

　顧客の嗜好を覚えておき、顧客に合った景品、割引クーポン、興味を持ってもらえそうな冊子などを送付して、顧客の関心と熱狂的な好意を獲得します。

②顧客特有のイベント情報からお得意様に喜ばれる特別企画を実施する

　顧客の誕生日、記念日に向けたカードやクリスマスシーズンの買い物案内、シーズンオフのディスカウントチケットなどを送付することができます。データベースを活用すると、魅力的な、時期を得た案内をすることができます。

　アメリカン・エキスプレスは、150年以上積み上げてきた世界で通用する安全と安心の顧客サービスの歴史があります。1983年に行った自由の女神の修復キャンペーンは、史上初の大規模な寄付を絡めたマーケティングキャンペーンとして有名です。

　3,500万枚におよぶ同社のグリーン、ゴールド、プラチナカードの膨大な使用履歴データが、極秘の場所で、厳重な警戒のもとに保管されています。同社は請求書を送付する際に、このデータベースをもとに厳密に考慮した、お得意様に得になる情報（ポイントを航空各社のマイレージと交換できるサービスなど）を同封しています。

section 5　顧客管理
顧客管理が有効でない場合

　前節では、顧客管理が有効に機能する場合を見てきました。本sectionでは、顧客管理が有効に機能しない場合を考えてみましょう。
　企業が顧客管理をうまく活用できない原因は、以下の4つが考えられます。
①顧客管理の効果が大して見込めない
②従業員が顧客管理の重要性を理解していない
③顧客が企業との密な関係を望んでいない
④顧客管理の考え方がどの企業にも通用するとは限らない

(1) 顧客管理の効果が大して見込めない場合
　以下の3つの場合は、顧客管理をする必要はありません。理由は、顧客管理にかけるコストを上回る効果が見込めないからです。
①一生に一度だけ買う商品(グランドピアノなど)を扱う場合
②販売数量がきわめて小さい場合
③情報収集コストが高い場合

　①の場合、顧客リストを作成しても、再購入の確率は限りなく低いものです。
　②の場合、例えば年間2セットしか販売しない手作りのゴルフセット職人の場合、顧客を管理するまでもありません。
　③の場合、駅前立地で店舗面積66㎡、席数42席の喫茶店を考えてみましょう。客単価600円で1日平均200人の来店客があります。年間売

上が3,600万円、年間営業利益が540万円で、年間延べ6万人の顧客情報の入手のための経費をかけられません。

(2) 従業員が顧客管理の重要性を理解していない場合

　従業員にとっては、顧客志向で顧客管理を徹底することよりも、通常の販売活動をするほうがはるかに容易です。従業員および販売代理店の管理と訓練が行き届かなければ、効果的な顧客管理は望めません。

　資生堂は2006年4月、美容部員の評価項目から売上高をなくしました。代わりに顧客による美容部員の採点が導入されました。その結果、「どのようにすれば顧客に喜んでもらえるのかを、個々の美容部員が必死に考えるようになった」のです。

　現在も、多くの企業で、口では「顧客志向」を唱えながら、実際には

図 2-09　資生堂の企業理念 "Our Way"

Toward Consumers
お客さまとともに

Toward Business Partners
取引先とともに

Toward Shareholders
株主とともに

Toward Employees
社員とともに

Toward Society and the Earth
社会・地球とともに

「資生堂」ホームページより

「販売志向」を継続しています。販売員や営業パーソンの人事評価項目のトップに「売上高」を設けている企業は、まだまだ多いでしょう。

　資金的に余裕があり、目先は少し辛抱して「顧客志向」を根付かせるよう努力できる資生堂のような会社は、まだ少数派です。

(3) 顧客が企業に情報を提供することを望んでいない場合

　企業が自分の個人情報を詳細に集めていると知れば、憤慨する人も現れるでしょう。マーケティング部門の人は、プライバシーとセキュリティについての顧客の考え方に留意する必要があります。

　個人情報漏えい事件のニュースが流れない日がないくらい、個人情報が簡単に漏えいしています。NPO日本ネットワークセキュリティ協会の「2009年情報セキュリティインシデントに関する調査報告書」によると、個人情報漏えいインシデントによる、想定損害賠償の総額は3,800億円を超えています。こうした現状から、消費者は、企業の個人情報に関する取り扱いに非常に敏感になっています。

図 2-10　2009年個人情報漏えいインシデント概要データ

漏えい人数	572万1,498人
インシデント件数	1,539件
想定損害賠償総額	3,890億4,289万円
1件当たりの漏えい人数	3,924人
1件当たりの平均損害賠償額	2億6,683万円
1人当たり平均想定被害損害賠償額	4万9,961円

「2009年情報セキュリティインシデントに関する調査報告書」
（NPO日本ネットワークセキュリティ協会）より

松井証券が、2007年6月に一橋大学大学院との共同研究を無期延期しました。同年5月松井証券は、「投資家は合理的に行動するとは限らない」という前提で金融市場の現象を分析する「行動ファイナンス」理論の研究を、一橋大学大学院の研究グループと行うと発表しました。これに対して、研究のために顧客の株式売買データを第三者に提供するという計画に、投資家から懸念の意見が寄せられたのです。
　松井証券は「行動ファイナンス」という学問領域に関する理解が一般に醸成されておらず、加えて当社の説明が十分でなかった」と説明し、共同研究は無期延期となりました。

(4) 顧客管理の考え方が必ずしも当てはまらない場合

　最後は、前提としている考え方が当てはまらないケースです。たとえば、「ロイヤルティの高い顧客はサービスの提供にあたり、価格に対する敏感度は低くなる」という仮説が当てはまらない場合もあります。
　大量購入する顧客は、企業がいかに自分に対する行動に気を遣っているかを知っており、企業に特別サービスや値引きを要求します。企業が定価販売や値上げを試みたりすればすぐさま憤慨します。ロイヤル・カスタマーは価格に対する敏感度が高いのです。

　「ロイヤルティの高い顧客は、口コミにより新規のお客様を連れてくる」という仮説も当てはまらない場合があります。
　ロイヤル・カスタマーは、ブランドにとって最良の橋渡し役を演ずるわけではありません。ある研究によれば、企業の製品を大量に購入したロイヤル・カスタマーよりも、大量には購入しないが、企業に足繁く通うロイヤル・カスタマーのほうが、当該企業に関する好意的な口コミを広める傾向にありました。

section 1　企業にインパクトを与える顧客
section 2　優良顧客とは
section 3　リレーションシップ・マーケティング
section 4　ロイヤル・カスタマー化による利益
section 5　信奉者とパートナー

PART 3

優良顧客の選別

企業に大きな影響を
及ぼす顧客の実態と
その長期的関係の
築き方について理解する。

section 1　優良顧客の選別

企業にインパクトを与える顧客

　ロイヤルティ・マーケティングを展開するうえで、「優良顧客とは誰か」を知ることは、大変重要です。
　一般消費者相手の商売では、従来の顧客と供給者という関係が大きく変容しています。これは、顧客側の変化によるものです。本sectionでは、企業にインパクトを与える顧客について考察します。

(1) 受動的な顧客

　1970～80年代には、顧客は平均的な大衆像の枠内に収まっていました。企業は、幅広い大衆を対象とした市場調査や問い合わせで、顧客か

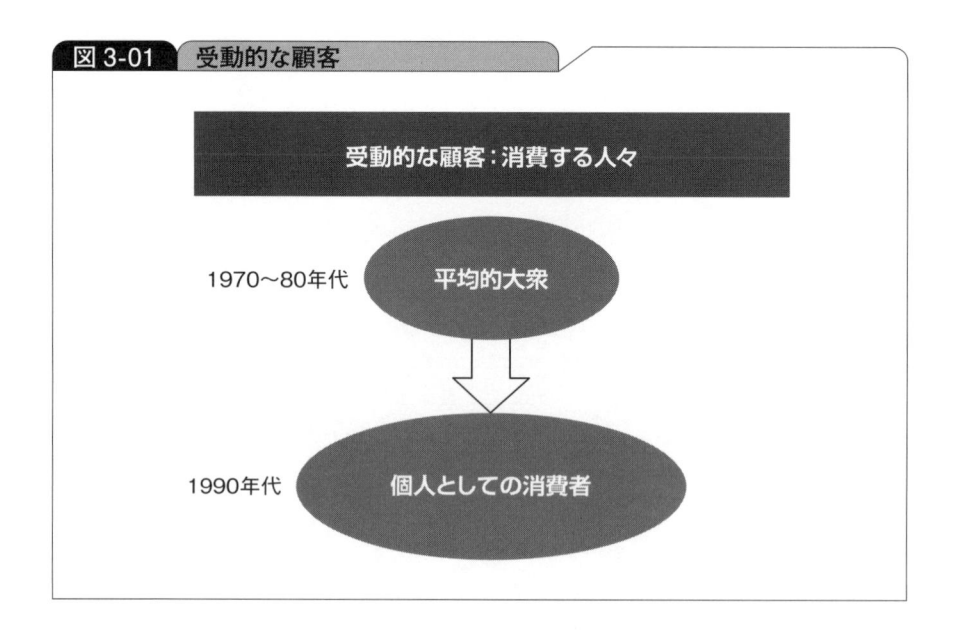

図 3-01　受動的な顧客

受動的な顧客：消費する人々

1970～80年代　　平均的大衆

↓

1990年代　　個人としての消費者

らの情報を収集しました。顧客の考えや意見は、ほとんど製品やサービスに活かされませんでした。

90年代からは、顧客を個人として捉える傾向が強まりました。主要なユーザーからの要望の深い理解に努め、ユーザーの課題を解決する製品やサービスを提供するようになってきました。

顧客はあくまでも受動的な買い手で、消費する人々であり、それ以上のものではありませんでした。

(2) 積極的な顧客

2000年を境に、顧客は積極的に供給者側に関与を始めます。単純にモノやサービスを購入する立場ではなく、ビジネス上の価値を共同で創造したり、引き出してくれる協力者・共同開発者にもなります。

既に顧客は、購入者であるばかりか、新たな社会や文化を作り出す一メンバーです。顧客自身で個別に経験を積み重ね、その経験を活かした

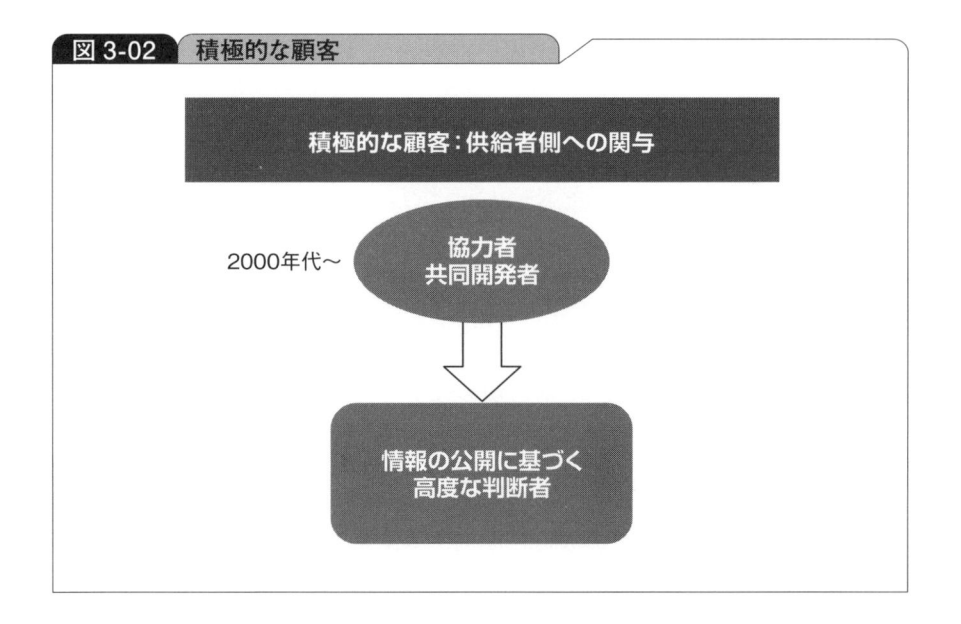

図 3-02　積極的な顧客

積極的な顧客：供給者側への関与

2000年代〜　協力者・共同開発者

↓

情報の公開に基づく高度な判断者

共同開発者という立場で供給者側に接します。製品やサービスに関する教育や、市場の形成、市場に受け入れられるための準備なども企業と主要顧客の共同作業となります。

マイクロソフトの新しいOSは、発売前にベータ版（試作品）という形で市場に投入されます。「Windows 2000」発売の際には、約65万人の世界中の顧客がテストに参加し、製品に対する改善点を提供しています。

(3) 企業活動に深く関わる顧客

先ほどのマイクロソフトのユーザーの中には、お金を払ってまで参加を希望する人も多く、ユーザーを「世の中に与える影響を事前に確認したい」という気持ちにすることに成功しました。ベータ版のテストにより、初期の不具合を取り除くなどの効果がありました。試算によると、開発に協力した時間と労力、支払われた報酬を投資金額に換算すると、500億円以上にもなります。

顧客は、自分の作業環境を利用して製品の"テスト係"を担当しています。インターネット関連製品企業のシスコシステムズは、さらに対話型のオンラインサービスによって顧客に自社の情報やリソース、システムへのオープンなアクセスを可能にしています。この手段を提供することにより、顧客が直面した課題を他の顧客が解決したり、顧客が同社のデータベースや、ユーザーコミュニティにアクセスしたりできます。顧客同士が助け合う仕組みが出来上がっているのです。

グーグルの場合、あらゆるところにユーザーの関与する余地を残しました。メールサービスの「Gmail」は、無償で約７ＧＢもの巨大な容量のメール環境を提供し、使い勝手を徹底的に研究し尽くした結果、大量

のユーザーが使用し、そのことで、スパムフィルタの機能も向上し、「Gmail」自体の評価が上がるという好循環を作り出しています。

(4) 強力な交渉相手となる顧客

　顧客は共同開発者となると同時に、強力な交渉相手にもなります。

　従来の市場では、情報へアクセスする際、消費者である個人よりも供給者である企業のほうが圧倒的に有利な立場にありました。自社の製造コストをもとにして価格設定することや、顧客にとってその製品やサービスがどの程度の価値があるかを企業側が判断し、価格設定することができました。

　しかし、インターネットによる情報の広がりで、力関係が逆転しました。今や、顧客側と供給者側での情報の質と量は対等です。

　情報武装した顧客は、企業を相手に取引条件や価格を交渉するようになったのです。インターネット上の価格情報提供サイト「価格.com」では、主要メーカーごとの主要店舗の機種別の価格情報がほぼリアルタイムで提供されています。このようなサービスの登場により、企業側の提供価格のランクが即時に評価されます。

　価格設定の方法も変化を遂げています。「ヤフオク」の名前で知られる「Yahoo！オークション」では、インターネットで製品やサービスの格付けにオークションが使用されています。人気が唯一のバロメータとなるオークションでは、価格は必ずしも安くなるだけではありません。望む顧客が多ければ価格は上昇し、少なければ安いままであるという顧客主導型の価格設定になっています。企業は、プライスメーカー（価格をつける側）であると同時にプライステイカー（価格をつけられる側）でもあると認識する必要が出てきました。

section 2　優良顧客の選別

優良顧客とは

　ロイヤルティ・マーケティングは、たくさんの顧客の中から、自店に大きく貢献してくれる顧客を識別するところから始まります。それでは、一番大切にすべき優良顧客とはどのような顧客でしょうか？　本sectionでは、優良顧客について考察します。

(1) 継続的な関係を維持する顧客

　製品やサービスを一度でも利用した顧客を対象とすると、顧客は3つのグループに分けられます。
①宣伝する顧客
②無関心な顧客
③悪評をばらまく顧客

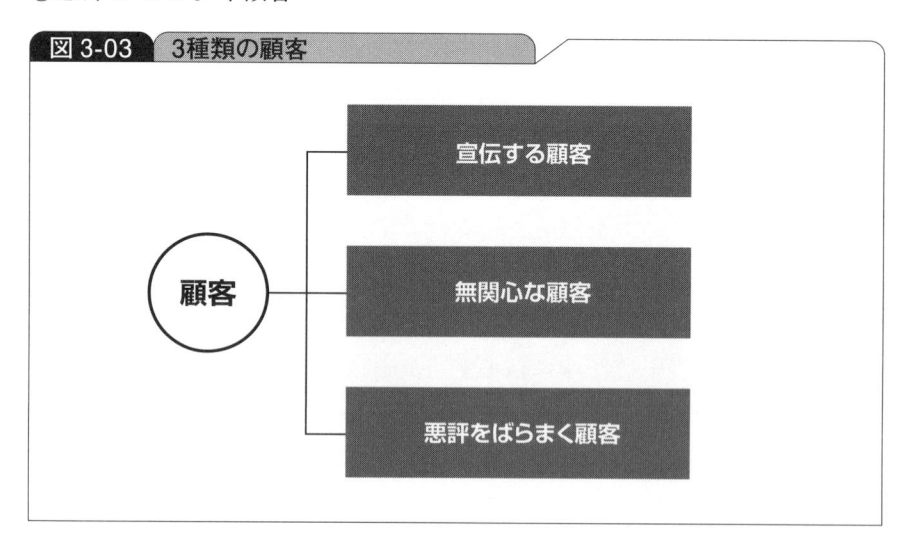

図 3-03　3種類の顧客

①は、企業、製品、サービスの熱狂的な信奉者であり、手間がかかっても、高くてもわざわざその製品を購入します。他社が顧客を奪おうと仕掛ける勧誘にもまったく動じません。
　②は、満足しただけの顧客で、「特に問題のないレベル」の顧客満足しか得られなかった顧客です。彼らを「宣伝する顧客」に移行できれば、非常に価値があります。
　③は、不当な扱いを受けた顧客です。製品をわざとけなして、企業、製品、サービスにダメージを与えようとします。

(2) 宣伝する顧客

　「宣伝する顧客」を作るためには、企業はサービスや品質において顧客の期待値を超え、真に記憶に残る顧客体験を生み出さなければなりません。

　ある企業の幹部社員が地方に出張し、駅でホテルまでのリムジンバスを待っていました。今日の宿泊はＡホテル。雨の中、既に20分ほど待っています。Ｂホテルのリムジンバスは2台、お客様を乗せて発進して行きました。Ｂホテルの3台目のバスが乗り入れます。運転手は、彼に「Ｂホテルにお越しの方ですか」と声をかけます。彼はＡホテル行きのリムジンがなかなか来ないことを告げます。「それではＡホテルまで乗せて行ってあげますよ」とＢホテルのリムジンバスの運転手は、親切心からこの人を乗せてあげました。しばらく乗っていると「今晩Ｂホテルに宿泊できるかな？」と幹部社員は尋ねます。
　結局、その日はＢホテルに宿泊することにした幹部社員は、その後年間30泊以上をＢホテルで宿泊しました。それだけでなく、Ｂホテルのお客様接客態度の素晴らしさが記憶に残り、翌日職場で部下たちにもＢホテルを推奨し、大口の宿泊客を獲得することにつながりました。

こうしたちょっとしたサービスがきっかけとなることはよくあります。運転手が異なれば、逆のことも起こり得たかもしれません。

　重要なことは、この「宣伝する顧客」を優良顧客として大切にすることです。次に特別な特典を与えることを考えます。企業、事業、製品・サービスにあったやり方があるでしょう。

(3) 無関心な顧客
　「無関心な顧客」には忠誠心は若干ありますが、商品やサービスの購入や使用に伴う不便さに耐えたり、価格プレミアムを支払ったりするほどではありません。
　典型的な「無関心な顧客」のレストランの感想はこうです。「まあまあだった」。この単純な答えが、ある程度満足しただけの無関心な顧客の典型的な反応です。料理やサービスをとりたてて褒めることはしません。それどころか、質問を受けなければ、レストランのことを話題にすることもなかったことでしょう。

　「無関心な顧客」を「宣伝する顧客」に格上げすることは、易しくはありません。まずは顧客満足でトップレベルに入ることが第一歩ですが、格上げまでいくには、根底から組織文化を改革し、その実現に向けてお金と時間を投じることが必要です。
　今日の企業で最も重要なことは、投資対効果の高い、この「無関心な顧客」を潜在的な優良顧客として認識して、「宣伝する顧客」に変えていくことです。

(4) 悪評をばらまく顧客
　「悪評をばらまく顧客」は、業界で最低限とされる期待が満たされな

かったとき、問題が適切に処理されなかった際に生まれます。

　太郎さんは、駅前のＣディスカウントショップで２万円のエスプレッソマシンを購入します。一度開けられた跡のあるように思える箱に入った商品を、店員は新品だと主張したのでそれを信じました。家に帰り、早速エスプレッソを入れようと組み立て始めると、明らかに錆びた部品が見受けられます。錆びた部品について店に返品を願い出ますが、店は応じません。そこで地域の統括本部にクレームを入れました。それでも取り上げてくれません。

　ここで太郎さんは泣き寝入りするどころか、ネット上に「Ｃディスカウントショップに不満を持っているのは、あなただけではありません。思い当たる方、一緒に話をしませんか？」という記事を載せます。この記事を見たテレビのニュース番組が、この話題を全国放送のワイドショーで取り上げます。Ｃディスカウントショップ側は、新しいエスプレッソマシンを太郎さんに贈って、事態の収拾を図りますが、太郎さんは応じませんでした。

　「悪評をばらまく顧客」に対しては、優良顧客への道というよりも、危機管理の意味合いで、即時対応を心がけることにより、企業は風評・誹謗・中傷の対象とならないように注意深く対処することが大切です。

PART 3　優良顧客の選別

section 3　優良顧客の選別

リレーションシップ・マーケティング

　製品を中心に需要を考える場合、市場シェアを追求することは重要です。一方、顧客を中心に需要を考える場合、いかに顧客シェアを高めるかが課題になります。本sectionでは、顧客内シェアを重視する、リレーションシップ・マーケティングについて考察します。

(1) リレーションシップ・マーケティングとは

　リレーションシップ・マーケティングは、単に一時点における顧客内のシェアを高めるのではなく、顧客の生涯にわたり、よき「パートナー」としてニーズを満たす製品・サービスを提供し続け、最大限の利益を顧客から得ることを目的としています。

　典型的な事例としては、社会人向けマネジメントスクールを挙げることができます。社会人向けスクールでは、個人の経営管理能力の向上を目的としています。顧客は企業経営、マーケティング、組織・人事、経理・財務、運営管理といった科目を必要に応じて受講することができます。個別の顧客ごとに、「能力開発やキャリアデザインの観点から、どのような科目の受講が望ましいか」を考慮してキャリア相談会や、ホームページでの勧誘が行われています。

　個別の顧客との間に学習を通じた信頼関係を築き、生涯にわたるサポートを実施することが目的となっています。

(2) 向いている業種

　リレーションシップ・マーケティングは、すべての企業に通用すると

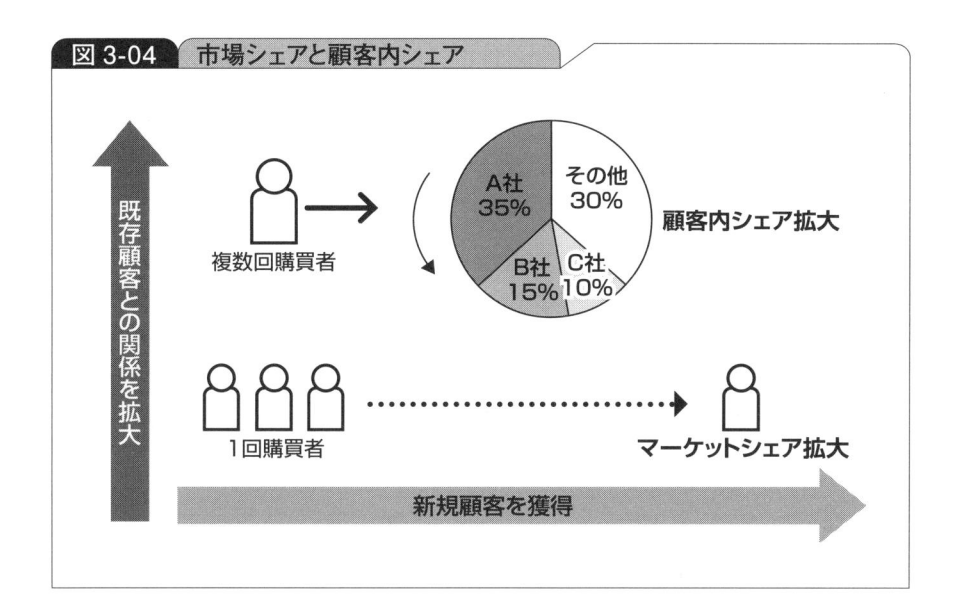

図 3-04　市場シェアと顧客内シェア

既存顧客との関係を拡大

複数回購買者 → A社 35% / その他 30% / B社 15% / C社 10%　顧客内シェア拡大

1回購買者 ………→ マーケットシェア拡大

新規顧客を獲得

は限りません。情報収集やＩＴ投資に見合うだけの回収利益を持っている必要があります。リレーションシップ・マーケティングが通常最も適しているのは、次の４つの条件を満たす場合です。
①多くの個人客の情報を収集している
②クロスセリング可能な製品・サービスを数多く保有している
③定期的に入れ替えや更新の必要のある製品やサービスを扱っている
④高付加価値の製品・サービスを販売している

　４つの条件が揃っている企業の場合、リレーションシップ・マーケティングが非常に効果的に機能します。

(3) 身近にあるリレーションシップ・マーケティング的な要素
【事例1】
　明日の息子の運動会のビデオ撮影をしようと、押入れからビデオを取

り出し、点検していると、電池が充電できない。交換用の電池をいつもの電器屋で買おうと訪問すると、店員から、「ビデオの電池をご所望ですか」と聞かれます。「なぜわかったんですか」と驚いていると、「お客様がビデオを購入されてからそろそろ3年が経ち、電池の寿命がなくなる頃なので、準備しておいたんですよ」と店長。「今年もクリスマスのデコレーションでベランダを電飾されるんならこれですよ」と新製品の電球を手に取って話を続けます。

【事例2】
　なじみのステーキ屋に行くと、「まずはビールかな」と冷えたジョッキに生ビールをついでくれます。何も頼まないのに大好物の「チョリソ焼く？」と最初の一品が出てきます。「今夜は茄子漬食べてみない？」とサービスの漬物が出てきて、ビールをおかわりします。最後に、締めのステーキをオーダーしておなかいっぱい。今日も幸せな気分で店を出ます。

【事例3】
　ある団体は、毎月決まった街の会議室を利用しています。会議の形式はいつも決まっていて、プロジェクター、ホワイトボード、ラジカセ、マイクが必要ですが、毎回事前に打ち合わせを要望されます。かつ、毎回必要な延長ケーブルを特別に準備してもらう必要があります。どうも気のきかない会議室です。

　上記3つは、身近にあるリレーションシップ・マーケティングの事例です。
　特に難しいことを考えなくても、リレーションシップ・マーケティングを実現できることが理解できます。

(4) 課題

　リレーションシップ・マーケティングの課題を、次の4つでまとめてみます。
①製品の特性を見極める
②顧客情報の活用方法を工夫する
③組織全体で取り組む
④顧客の理解を深める

①製品の特性の見極め
　自社の製品・サービスがリレーションシップ・マーケティングに向いた製品・サービスなのかを見極める必要があります。歯磨き粉や台所用洗剤などの最寄品を製造するメーカーが、エンドユーザー一人ひとりの購買状況を把握しようとしても、成果は出ないでしょう。
②顧客情報の活用方法の工夫
　顧客情報を有効活用していかなければ、情報の価値が生まれません。企業は必要な顧客の特性、たとえば「常に新しいものを好むユーザー」という特性をつかむのに知恵を働かせる必要があります。購買履歴から、発売直後の製品の購入比率を算出するなどの工夫が必要です。
③組織全体での取り組み
　リレーションシップ・マーケティングでは、マーケティング部門が単独でマーケティングを実施することはありません。顧客が企業を選ぶ時代になっているため、組織全体で顧客満足度を高める必要があります。
④顧客の深い理解
　最後のポイントは、生活者としての顧客を改めて理解することです。マーケティングを実施する人自身が、顧客と同じ視点に立って真の顧客を理解する必要があります。

section 4 　優良顧客の選別
ロイヤル・カスタマー化による利益

　ロイヤルティ・マーケティングは、顧客を維持し続けることにより、2つの大きな利益があります。第一は、宣伝広告にお金を大量に使わなくても十分な収益を上げられることです。第二は、顧客からのフィードバックを製品やサービス開発などのマーケティング活動に活かせることです。本sectionでは、ロイヤル・カスタマー化による第一の利益について考察します。

(1) ロイヤル・カスタマー（固定客）化を図る
　顧客をロイヤル・カスタマー化することにより、企業側は次の3つの利益を享受できます。
①購買量の増加による利益
②営業費用の削減による利益
③紹介による利益

　次節から、3つの利益を個別に考察します。

①購買量の増加による利益
　通常のサービスではその価値に満足していれば、顧客は1年目、2年目、3年目とサービスの利用頻度が増加します。業種によって差はありますが、5年目には1年目の顧客よりも2倍近い購買を行うという統計もあります。会員制の通信販売会社では、入会5年目の顧客は、入会1年目の顧客に比較して、年間購入額が約80％多かったそうです。

農産物直売所X社の収益に対して、顧客満足度、リピート化、リピートの確率の変化でどのようなインパクトがあるかシミュレーションしてみましょう。

企業の前提データは以下の通りです。前提として、既存顧客にかかる営業コストは、新規顧客獲得のコストに比べて少なくします。

【前提】

現在ののべ年間顧客数　　：20万人
（そのうち新規顧客）　　：10万人
現在のX社の売上高　　　：6億円
現在のX社の営業利益　　：1億1,100万円
新規顧客の満足度　　　　：80%
リピーターとなる確率　　：30%
リピート回数　　　　　　：2回
顧客1人当たり単価　　　：3,000円
新規顧客での営業利益率　：10%
リピーターでの営業利益率：50%

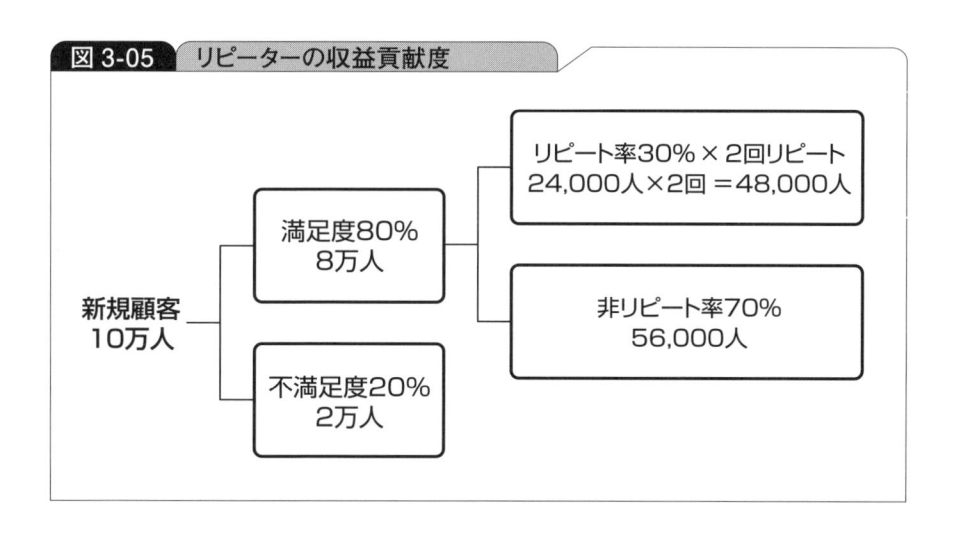

図3-05　リピーターの収益貢献度

新規顧客 10万人
├ 満足度80% 8万人
│ ├ リピート率30%×2回リピート 24,000人×2回＝48,000人
│ └ 非リピート率70% 56,000人
└ 不満足度20% 2万人

新規顧客からの営業利益　10万人×3,000円／人×10%=　3,000万円
リピート客からの営業利益48,000人×3,000円／人×50%= 7,200万円
計1億200万円

60,000人（108,000人 − 48,000人）のリピート増は、
60,000人×3,000円／人×50% = 9,000万円に相当します。

　図3-05は、リピーターがどの程度収益に貢献しているかを示したものです。既存顧客の重要性がわかります。
　さらに、顧客を満足させることによる収益性への影響を見てみましょう。新規顧客の満足度が、80%から90%に向上したと仮定します。満足した顧客のうちリピーターとなる確率を30%から40%に、リピート回数が2回から3回になったと仮定します。
　この結果が図3-06です。それぞれの要素を少し向上させるだけで、収益が大きく向上することがご理解いただけるでしょう。

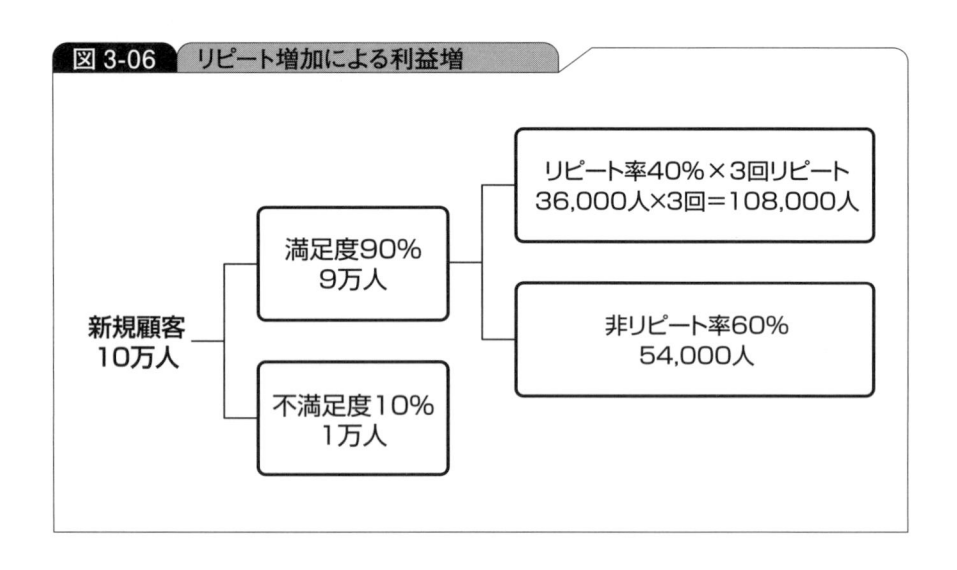

図3-06　リピート増加による利益増

新規顧客 10万人
- 満足度90% 9万人
  - リピート率40%×3回リピート 36,000人×3回=108,000人
  - 非リピート率60% 54,000人
- 不満足度10% 1万人

②営業費用の削減による利益

　既存顧客にかかる営業コストは、新規顧客獲得のコストに比べて少なくて済みます。

　典型的な例が経営コンサルティングでしょう。顧客は最初に、決して安くないコンサルティング料金を見知らぬ会社に支払うことには大抵不安を持ちます。コンサルティング会社のほうも、当初は顧客のどこに解決すべき課題があるかわからず、一見無駄とも思えるトライ・アンド・エラーを繰り返すことになります。しかし、2回目以降は、両者の間に信頼関係ができているため、顧客は納得して料金を払います。

③紹介による利益

　いわゆる口コミによる効果のことです。高価な製品やサービスでは、口コミのもたらす効果は大きなものです。不動産販売や自動車販売、弁護士、医者、コンサルティング会社などは、口コミによって得られる利益は大きくなります。

section 5　優良顧客の選別

信奉者とパートナー

　顧客を喜ばせることは、徐々に難しくなってきています。厳しい機能要求に加えて、高品質、低価格そして厳しい納期の要求が当たり前となりました。ただ単に満足を与えるのみではなく、継続して購買してくれるロイヤル・カスタマーとなってもらうことが重要です。本章では、さらに進化した固定客である、信奉者とパートナーについて考察します。

　図3-07は、顧客を引きつけて維持するプロセスの中の主要なステップです。

(1)「新規顧客」を「リピート客」に

　「新規顧客」を満足させるだけなら簡単です。しかし、二度、三度と購入してもらい、「リピート客」に進化させることが重要です。「新規顧客」の獲得には、膨大なマーケティングコストが必要ですが、「リピー

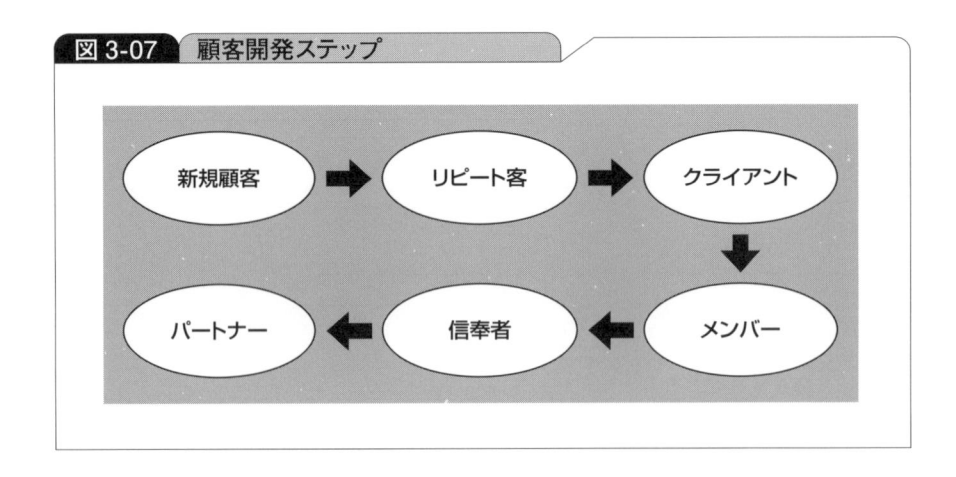

図 3-07　顧客開発ステップ

新規顧客 → リピート客 → クライアント → メンバー → 信奉者 → パートナー

ト客」の既存顧客の維持コストは最小で済みます。

「リピート客」を生み出す手法として、最近スーパーなどでよく活用されているのが、ＰＯＳレジから発行されるクーポン券です。日常の最寄品で10円、20円等の値引きを提供しています。理髪店や、コーヒーショップなどでも、10％程度の値引きを次回来店時に提供するという形式で「リピート客」を増やす努力をしています。

(2)「リピート客」を「クライアント」に

「クライアント」とは企業がよく知り尽くし、特別扱いをする顧客のことです。

「リピート客」から「クライアント」になってもらうためには、顧客側にもその製品・サービスを利用するメリットが必要です。他社を圧倒する魅力を感じてもらえれば、「クライアント」となってくれることでしょう。

「クライアント」となった場合、企業側も顧客のことを十分認識し、お互いの関係がwin-winとなります。なじみの顧客ということで、嗜好・好みも熟知してその人専用のカスタマイズを加えた製品・サービスを提供することも可能です。

(3)「クライアント」を「メンバー」そして「信奉者」に

家電量販店や商店街、ショッピングモールで顧客情報を書き込むとメンバーズカードを無償で発行します。商品を購入するたびにポイントが貯まり、貯まったポイントでまた買い物ができます。

最近では、さらに来店動機を高めるために、お客様用ポイントカードを持ちこむと、購入金額に応じて、さらにお得なポイントをくじ引きに

よってプレゼントするタイプの新しいサービスも登場しています。メンバーズカードの所有者が「メンバー」です。

「信奉者」になると、他の人々に、企業の製品やサービスを熱心に薦めてくれます。

オリジナルハンドバッグの制作・販売会社のイビサのユーザーは、50〜60代の女性です。この層のユーザーは長年、商品の比較購買を行ってきているので目も肥えています。強力な口コミの力を持っていて、イビサのファンの中には、電車やバスで同社のかばんを持っている人を見つけるとついうれしくなり、「いいバッグですね、それイビサですよね」とつい声をかけてしまう人もいるそうです。

熱狂的なファンの中には、個人で集めた数十個のイビサコレクションを撮影し、アルバムにして本社に贈呈したり、他社製品の写真を送って、「次はこれと同じバッグを作って」というリクエストをする顧客もいます。

この顧客にとって、「イビサのバッグ」が重要で、他のブランドではダメなのです。

(4)「信奉者」を「パートナー」に

茨城県つくば市に、「みずほの村市場」という農産物直売所があります。販売額が年間5億円を超え、販売農家1戸当たり約700万円の売上を誇ります。年間のべ利用者数は、25万人です。

この直売所の特徴は、決して安くないことです。販売を目的とせず、農家として自立するために、地域農家の個性を前面に打ち出して、量販店との差別化を図っています。

近年、日本の野菜の栄養価（ビタミンやミネラルの含有量）は、低下しています。いろいろな理由がありますが、その一つに、農家が自然の摂理にかなった野菜を栽培しなくなったことが挙げられます。以前は、山の落ち葉や稲わら、畜糞をたい肥の材料として田畑に戻していました。農薬がない時代には、旬の時期に栽培するしかありませんでした。そうしてできた野菜は味が濃いものでした。

　みずほの村市場では、この原点に立ち返り、土作りから始めて、栄養価向上につなげる取り組みを始めています。その結果、スーパー等の野菜よりも新鮮で、栄養価の高い野菜を販売することができるようになりました。

　みずほの村市場の顧客は、既に固定客化が進んでいますが、最近では、ものを買うというよりも地域の農産物を支え合う雰囲気になっています。お客様の「作物の具合はどうですか」という生産者に対するねぎらいの声が聞かれます。「信奉者」が「パートナー」に変わってきているのです。

section 1 　顧客満足度とは
section 2 　顧客満足度を知る
section 3 　顧客満足度の向上
section 4 　顧客満足と従業員満足との関係
section 5 　真実の瞬間

PART 4

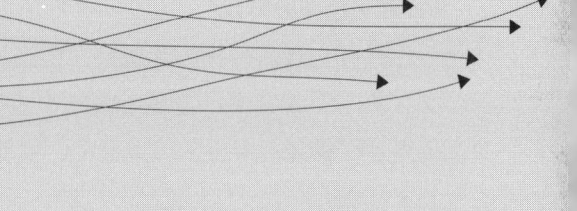

顧客満足度

顧客満足度の測定方法や
向上策を学び、接客上の
留意点を理解する。

section 1　顧客満足度
顧客満足度とは

　ロイヤルティ・マーケティングを説明するとき、「顧客満足度」抜きには語れません。顧客満足度とは何か？　なぜ顧客満足度が重要なのか？　顧客満足度の目標はどのように立てるべきか？　その結果として得るものは何か？

　本sectionでは、「顧客満足」の観点から、ロイヤルティ・マーケティングを考察します。

(1) 顧客主導の時代

　作れば売れる時代の課題は、生産性向上でした。その後、セールス・プロモーションが、需要を喚起する必要から注目されました。さらに、生産者が機能を考えるのでなく、顧客のニーズに合わせて作る時代となりました。

　今やネット上には、従来よりもはるかに質・量ともに優れた情報があふれています。顧客は購入に必要な知識を十分に持ち、生産者に対して厳しい要求をするようになりました。欲しいものに対して妥協する必要がなくなってきたのです。

　企業は、情報を持っている顧客を満足させることに真剣にならなければなりません。要求度の高い顧客を満足させることができなければ、儲けることができないばかりか、事業の存続すら危ぶまれる時代になってきたのです。

(2) 顧客満足度は事前の期待に対する評価

　顧客満足度とは、あらかじめ期待していた、顕在／潜在的なニーズが、提供された製品・サービスによって充足される程度をいいます。そのためには、顧客が事前に何を期待しているのかを知ることが重要です。事前に期待を知らなければ、顧客を満足させるのに苦労しますし、事前に期待を把握しておけば、顧客が製品・サービスを選択するときに自社に有利になります。

　新製品の投入前後に、製品に対する期待と実際に購入した後の評価をアンケート調査すると、実際の商品開発に非常に有効です。
　缶コーヒーの新製品発売を例にとって考えてみましょう。アンケート項目に、「濃い」「コクがある」「甘みがある」「香りがよい」「苦い」「甘くない」を取り上げます。事前の期待の高さを確認することにより、年齢・性別・地域などによる特徴がつかめます。
　新製品のターゲット顧客を想定し、事前の期待を満足させる品質を作り上げ、同時に力を入れてマーケティングを展開すれば、有効な宣伝手

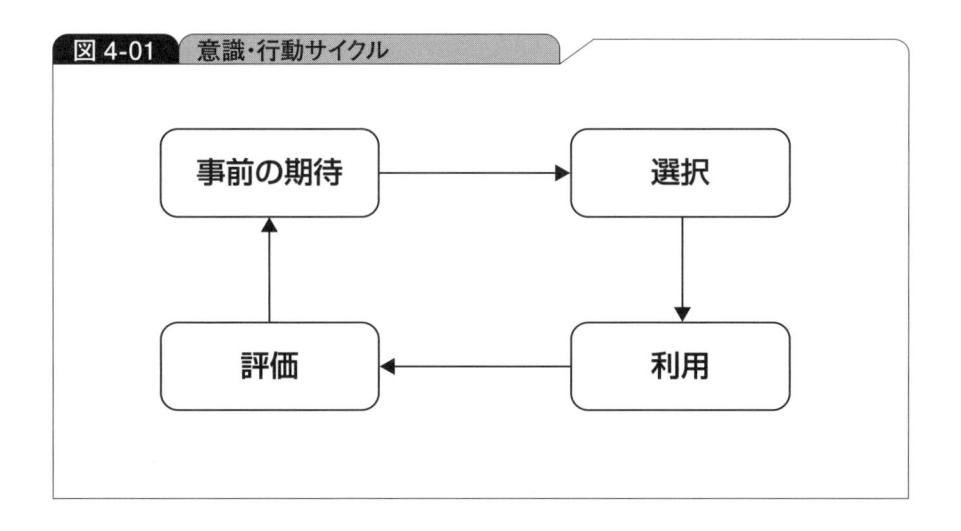

図 4-01　意識・行動サイクル

事前の期待 → 選択 → 利用 → 評価 → 事前の期待

段になります。

(3) 顧客満足の目標
　顧客満足を考えるうえで重要なのは、販売方針が「不満解消」なのか、「満足の獲得」なのかということです。
① 「当たり前のこと」が実現できないと不満になる
② 「願い」がかなうと満足する
③ 「当たり前のこと」は進化する
④ 「願い」は「当たり前」となる

　事前の期待は、時とともに変わります。「当たり前」レベルを、他社よりも引き上げる努力が必要です。

　おとうふ工房いしかわ（愛知県高浜市）は、豆腐製品を製造・販売しています。一般的な豆腐は100円前後で販売されていますが、200円前後の豆腐を販売しているにもかかわらず、消費者の心をつかんでいます。
　「当たり前」の豆腐ではなく、「願い」として、「自分の食べたい豆腐」「子供に食べさせたい豆腐」にこだわり、国内産の材料や天然にがりを使っています。それに加えて、栽培している農産物を自分の目で確認し、添加物などにも自主規制を設けて安全性にも万全を期しています。
　石川社長は、儲けることを考えていません。お客様に喜んでいただきたい、お客様の声に応えていこう、そのための提案をしていこうという意識で経営に取り組んでいます。
　その結果、顧客の事前の期待を大きく上回る製品の開発に成功しました。常にお客様の声を気にしているため、結果として「当たり前」レベルを他社よりも引き上げることに成功したのです。

(4) 顧客満足の結果として得るもの

　顧客満足は、次の3つの段階を経て利益の源泉になります。
①ロイヤルティが向上する
②口コミにより、会社が推奨される（セールス効果）
③さらに顧客満足度が上がる仕組みが形成され、売上、利益に結びつく

　顧客満足の効果は、長期にわたって発揮されます。顧客満足を提供するサイクルが整うと、利益は継続して生み出されます。未来に向かって発展の機会を提供し続けることになるのです。

　おとうふ工房いしかわのこだわりは、他社と同じ豆腐を確実に違ったものに変える効果をもたらしました。普通の「豆腐」から「おとうふ工房いしかわの豆腐＝オンリーワン商品」へとお客様の認知が変わっていったのです。
　おとうふ工房いしかわでは、豆腐以外に豆腐や豆乳を使ったデザートやお菓子を販売しています。これらは、お客様の声をヒントに作成されたものです。「最近子供の食べる歯ごたえのある硬いお菓子がない」という主婦たちの声に応えて作成された「きらず揚げ」は、口コミで評判が広がり、今では贈答用として、高浜名物となりました。
　お豆腐つくり体験教室の参加者から、「この商品が買えるお店があればいいのに」という声に応えて、販売だけでなく、豆腐料理などの食事ができる場所として、直営店を出店しています。直営店が、おとうふ工房いしかわの商品のPRの機能を果たしています。

section 2　顧客満足度

顧客満足度を知る

　今日の経営において、顧客満足度は重要な指標です。経営を存続させていくために顧客満足度調査を活用するには、どのような順序があるのでしょうか？　本sectionでは、調査表を作成する際のポイント、実際の調査法、調査後の分析方法などについて説明します。

(1) 顧客満足度調査の全体像

　顧客満足度を調査する最大の目的は、顧客の期待を正確に把握することです。

　具体的には、次の3つの段階に分けられます。

①最初に、顧客の期待を発見するために顧客満足度調査を実施する
②次に、顧客満足度調査で得られた顧客の期待と満足のギャップを解決するために、仮説を立てて詳細な調査を実施する
③最後に、詳細な調査の結果、解決策を策定する

　まず、顧客の期待を捉えて問題点を発見する必要があります。大切なことは、期待の高さを基準として自社がどの位置にいるかを見極め、努力の不足している点に気づくことです。

　次に、具体的な解決すべき課題を細分化して、わかりやすいレベルにブレークダウンしていきます。

　解決すべき具体的課題を見出して、原因を追究し、解決策を策定していく糸口をつかむことができます。

(2) 調査表作成のポイント

調査を実施するときは、次の2つのことに注意します。

①対象をエンドユーザーとする

対象をいつも付き合いのある販売代理店や、卸売業者とすることがあります。中間業者にとっては、手間のかからないことが利益につながりますので、豊富な機能と充実したアフターサービスを求めるエンドユーザーの期待とは一致しない場合があります。

中間業者の満足度を高めるという間違えた方策をとらないためにも、エンドユーザーに絞り込んで調査を実施することが重要です。

②調査項目では、顧客の期待を引き出すためにその商品・サービスを選択した理由を入れる

調査に多い失敗に、企業が自社の商品・サービスに対する評価のみを顧客に聞いてしまうことがあります。調査はあくまでも顧客の期待をつかむことが目的です。そのために、自社の製品・サービスにこだわらず、顧客が言いたいことを調査する姿勢が必要です。

さらに、利便性、接客、価格、企業イメージ、製品・サービスの満足度を入れると、顧客の期待をより正確につかむことができます。

図 4-02　調査表作成の2つのポイント

①対象　＝　エンドユーザー

②調査項目　＝　選択理由を入れる

(3) 調査方法の実際

　顧客満足度調査には、いくつかの手法があり、特徴を活かして取り入れることが重要です。

　調査方法は、以下のように分類できます。
①面接調査、電話調査、郵送調査、Web調査
②社名開示調査と覆面調査

　コスト面では、実際に顧客を訪問する必要のある面接調査が最もコストが高く、「面接調査＞電話調査＞郵送調査＞Web調査」となります。

　人と接することによって調査対象の反応も含めて判断できることから、集めたデータの信頼性の面では、「面接調査＞電話調査＞郵送調査＞Web調査」となります。

　満足度調査では、継続性が重視されますので、一度決定した調査方法は、一定の時間間隔で同じ手法で実施する必要があります。回収サンプル数の多さも要求されます（一般消費者を対象とする場合、200〜300）。サンプル数が少ないと調査誤差が大きくなるからです。

　期待をつかむことが目的の場合は、社名を伏せた覆面調査がふさわし

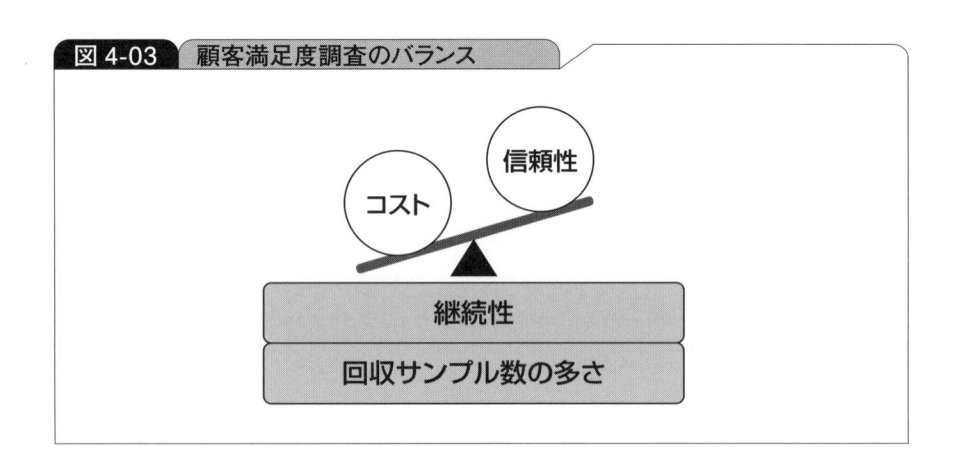

図 4-03　顧客満足度調査のバランス

く、期待がはっきりした後の詳細調査では、社名を開示した調査がよいでしょう。

現実的な選択としては、比較的手頃な郵送調査や、同業他社と共同で、信頼性の高い電話調査をアウトソーシングで利用するなど、コストと信頼性のバランスをとることが重要です。

(4) データ分析

データ分析とは、特徴を捉えて、意味ある情報を読み取る作業です。
①仮説を立てるところから始まる
②分析は、仮説→データ→計算・解釈→評価の順番

データを分析する前に、課題に対して原因の仮説を立てます。仮説の立案にあたっては、現場で長く業務に携わっている人のひらめきを大切にしましょう。

長年の勘と経験を蓄積したベテランが想起する仮説は、非常に貴重です。ベテランの直感は、一般社員からすると、課題と原因の仮説の相関関係がうまくつかめないかもしれませんが、幅広いデータを地道に追跡していくことで、思いがけない関連が見えてくる場合があります。

データ分析では、可能な限り項目別の要素に分類します。例えば、利便性、接客、価格、企業イメージ、製品・サービスの満足度等で分類し、それぞれに対して満足度を評価していきます。競合他社と比較ができるのであれば、項目別に比較・評価を実施します。

最後に会社を総合評価するために、それぞれの項目別に重みづけをして、競合他社と比較します。強化すべき項目を発見し、課題に目標を定めて、解決策を立案し、実施します。

こうしたサイクルを回すことが、顧客満足度を向上させることにつながるのです。

section3 顧客満足度

顧客満足度の向上

　顧客満足度の向上は、経営上重要なものです。
　本sectionでは、顧客満足経営で成功している、シャンプーを中心とした化粧品類の開発・販売業のネイチャー生活倶楽部（本社：熊本県熊本市）の事例を中心に説明します。

(1) 経営理念の大切さ

　顧客満足経営は、トップダウン抜きには実現しません。経営理念を明確にし、事業の方向性を明確に示す必要があります。
　ネイチャー生活倶楽部を平成8年に創業した垂水和子社長は、創業当初から現在に至るまで、消費者が作る「商品改善グループ」を目指しています。市販のシャンプーの成分が台所用洗浄液の成分とそう変わらないことに疑問を抱いて、子供が安心して使用できる成分のシャンプーを開発することにしたのです。
　この揺るぎない方針が「消費者にしかできないこだわりの商品開発」を生みました。現在では、年商10億円を超え、8年間にわたり10%以上の利益率を保ち、無借金経営を継続しています。強みは、垂水社長の想いに共感し、商品を使い始めたたくさんの消費者をずっと満足させ続けていることです。
　すぐれた経営理念は、人々を引き寄せる引力を持っているのです。

(2) 従業員の意識向上

　顧客満足は、お客様との接点となる従業員から起こります。経営者の強力なリーダーシップと中間管理職の支援のもとで、一人ひとりの社員に至るまで、顧客志向を徹底する必要が出てきます。顧客の特別な個々の要望に迅速に応えていくためには、まず、社員の自発的な顧客志向の意識が重要です。

　顧客満足経営の実行時には、顧客と接する第一線の現場への権限委譲が必要です。権限委譲をすると、社員の裁量が大きくなり、社員の問題解決能力が問われます。したがって中間管理職には、管理よりも支援を提供する役割が求められるのです。

　ネイチャー生活倶楽部では、商品開発における、消費者情報（悩み・不安・疑問も含めて）・開発情報・商品情報などを社員・ビジネスパートナー（専門機関ネットワーク）で共有しています。

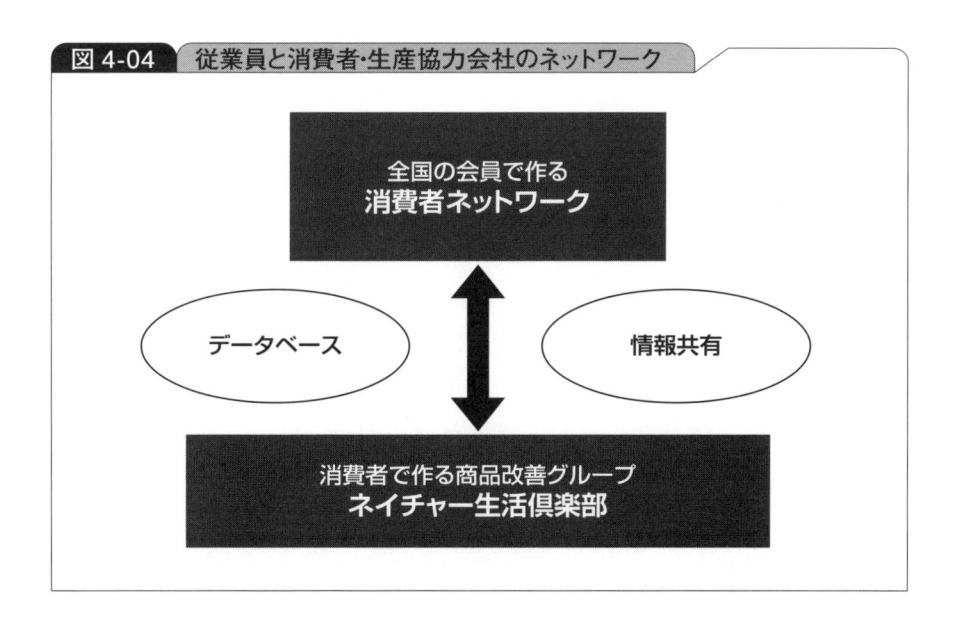

図 4-04　従業員と消費者・生産協力会社のネットワーク

全国の会員で作る
消費者ネットワーク

データベース　　　情報共有

消費者で作る商品改善グループ
ネイチャー生活倶楽部

経営者を含めて全員が顧客との電話応対・クレーム対応を行い、すべての情報をストックし、共有化することでナレッジとして有効に活用しています。毎日全員による情報交換の議事録がデータ化されています。
　情報の徹底した共有化で、従業員の意識向上が実現しているのです。

(3) 顧客満足度調査の内容
　実質的な効果に結びつけるためには、的確な調査内容であるかどうかを精査する必要があります。注意すべき点は、以下の２つです。
①こちらの聞きたいことを聞くのではなく、顧客の言いたいことを聞き出す
②他社の顧客を含めた相対的な調査をする

　ネイチャー生活倶楽部では、消費者をモニターとして、商品へのフィードバックをもらうなど、幅広い調査を実施しています。
　「消費者にしかできないこだわりの商品作り」を経営理念としていることから、常に顧客視点の調査でブレがありません。調査は自然と顧客の言いたいことを聞くことになります。
　調査の出発点は、「消費者視点の商品改善」ですから、当然他社の顧客を含めた相対的な調査となります。結果的には、現状の他社商品に満足していない顧客の意見を調査していることになるのです。

　戦後の高度成長期に創業した会社には、「作れば売れる」体質の会社も多いものです。こうした会社は、特に「顧客の意見に耳を傾ける」志向が重要です。消費者視点の調査項目と、相対評価に気をつけながら、満足度調査に取り組み、会社の体質改善を含めて満足度向上に寄与する必要があります。

有効な調査システムを構築することが、顧客満足経営の最初のステップなのです。

(4) 改善するための仕組み

顧客満足経営の実践には、継続したアプローチが欠かせません。改善の仕組み構築のためには、以下の3つの手順が重要です。
①現場レベルの小さな改善活動の積み重ね
②不満の解消よりも顧客にとって望ましい活動の実行
③数値目標を設定し、その達成度を会社全体で管理

満足度の向上には、顧客を中心に考えた行動が求められます。そのためには本社部門が実行計画を考えるだけではなく、組織の構成員全員が創意工夫を継続していく必要があります。

ネイチャー生活倶楽部では、消費者と一体となった商品開発に主軸を置き、商品販売も会員制のシステムを10年間取り続けています。1回買ってもらったお客様については、病院のカルテのようなリストを作っています。次回注文を受けたときに、また住所を聞かなくてよいように、電話番号を聞いただけで注文を受けて、そのリストから住所を探せるようにしています。「初回の注文」「2回目」「3回目」というリピート情報もつけました。紙のカルテ方式です。履歴も全部わかる台帳方式です。

カルテをシステム化し、顧客の商品に対する率直な意見や個別の要望を記入してあります。

今後の目標は、「会員からの要望にどれだけ応えていけるか、その会員からの評価が売上となって返ってくるか」です。垂見社長は「ひたむきに目的に向かって頑張ることが、社会的な責任でもある」と言っています。

地道な改善活動の繰り返しが顧客満足経営をもたらすのです。

section 4　顧客満足度
顧客満足と従業員満足との関係

　1980年代、顧客は「欲しいものを提供してほしい。それでなければ他で購入する」という状況でした。現在の顧客は「欲しいものをできるだけ安く、希望通りの日時に届け、しかも私を特別扱いしてほしい。それでなければ他で購入する」という状態で、きわめて贅沢な買い手市場となりつつあります。現代の顧客は、昔よりはるかに情報通で多くの選択肢を持っています。

　競争の激しい時代に、企業を存続させる方法は、"顧客満足を実現させるサービス"しかありません。その重要な顧客満足を最前線で担うキーパーソンこそ「従業員」です。

(1) 今なぜ従業員の満足か

　多くの経営者は、従業員に対してモチベーション向上を図り、指示待ちではなく、自ら積極的に仕事に取り組んでほしいと感じていることでしょう。

　しかし、経営者側が「もっと自らやる気を出して仕事に取り組みなさい」と言っても反発を受けるだけで、従業員の積極性は引き出せません。口先だけの指示では、心の底から従業員のやる気を引き出すことはできないのです。

　モチベーションはその本質からして、人の内心から湧いてくるものです。やる気も動機付けも、外からの押しつけでは引き出せません。そのために経営者はまず、従業員の満足度を高める必要があるわけです。

(2) 従業員が満足しているとき

真に有能な従業員が求める状況とは、
①顧客への奉仕が自分の裁量でできる
②顧客へのすぐれたサービスをきちんと評価してもらえる
ことです。

この状況を作り出すための最大の、そして最も難しいポイントは権限の委譲です。ここがクリアできれば、あとの体制作りはすべてついてきます。実現には社内体制の変更、社員の意識改革、給与・人事制度の構築、管理職への教育といった、企業経営の根幹に関わる改革が必要です。そのほかにも、以下の4つの対策が考えられます。
①従業員の会社や仕事への不満を自由に発言できるようにする
②公平な給与制度・人事制度を構築する
③福利厚生を充実させる
④経営者と従業員の会話を増やす

いずれも、地道な積み重ねが必要とされる内容であり、一夜にして会社の風土を変えることはできません。真に強いトップの意志と、持続する意欲が発揮される必要性があるのです。

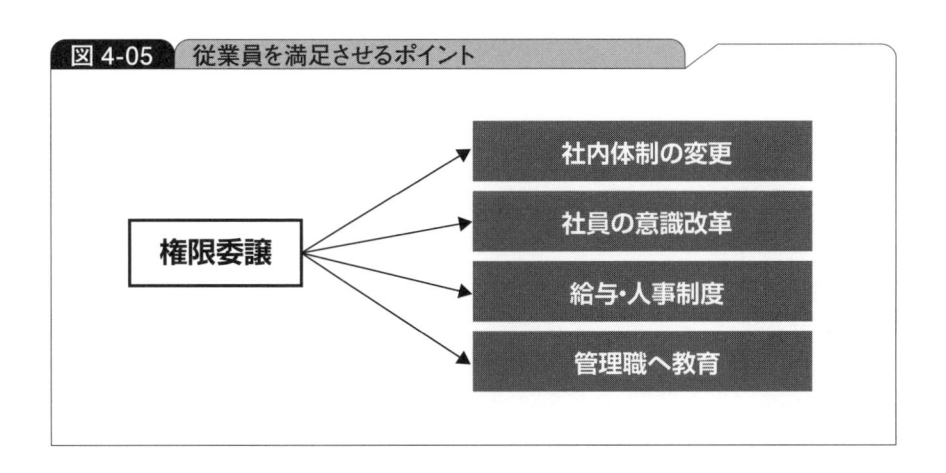

図 4-05　従業員を満足させるポイント

権限委譲 →
- 社内体制の変更
- 社員の意識改革
- 給与・人事制度
- 管理職へ教育

(3) 従業員の満足度を測定するには

　従業員満足は、サービス品質に直結します。直接の従業員満足度を示す数値と、間接的にサービス提供のプロセスおよび結果を示す数値を測定することで、従業員満足度がわかります。いずれの場合も、測定可能な指標を決定することが重要です。

　従業員満足度を直接的に測る場合、「離職率」などが考えられます。高い離職率が問題となっている会社では、離職率の低下が、従業員満足度の高い会社としての証しになります。これは人事部門で把握できます。
　直接従業員満足度を聞くのではなく、関連しそうな間接的な指標を取り上げるやり方もあります。仕事の過程であるプロセスを評価する方法と、仕事の結果を評価する方法が考えられます。プロセスを測定する例としては、「提案書の提出件数」などが挙げられます。この指標は従業員のやる気が出て、お客様に提案ができているかどうかを示しています。個々人が一定期間に何件提案書を提案できているかを計測することで、従業員満足度を把握できます。

　結果を評価する例としては、「リピート率」および、「信用度」などが挙げられます。リピート率が向上するということは、従業員満足度の向上が顧客満足度の向上につながり、"結果としてサービスに好意を持つに至った"証しとして捉えることができます。「信用度」は、信用調査会社がランク付けをする、主として財務的な信用ではなく、ブランドに対する信頼度とでも表現すべきもので、"継続してサービス品質が安定して高い"証しとなります。
　リピート率は、ポイントカードの発行により、同じお客様が再度訪問していただく率を計測できます。

(4) すぐれた従業員への報酬

　卓越したサービスを提供する従業員に対しては、それにふさわしい報酬が必要です。ただし、報酬の与え方を間違えると、効果的な従業員満足は得られません。次の2例は、報酬の与え方を間違えている事例です。
①短期的な利益の達成度合いに基づき報酬を与えていながら、長期的な視点を持つように指導をする
②研究の成果と論文発表での報酬を与えながら、学生への教育の品質を第一に考えている

　①の会社の社員は、指示を守ることが、より多くの報酬を得ることと矛盾するために、やる気をなくすでしょう。②の大学の先生は、学生への教育の品質を犠牲にしてでも研究の成果と論文発表を重視するでしょう。その結果、学生の評判を落とすことにつながり、先生も大学に対する不満を募らせる結果となるでしょう。

　従業員満足度が向上し、その結果、顧客のリピート率が向上し、信用度が向上する結果に至った場合、その効果に関わりを持った従業員を見つけて、正当な評価を与えるべきです。
　そのために重要なことは、各従業員が日頃どのようにお客様との関係を築いているのかを把握する仕組みを持つことです。その仕組みによって、従業員満足度向上に起因した、会社の業績向上につながる働きを見つけ出すことができるからです。
　結果のみを見て、評価に結びつけるのは不公平感を生みます。まったく異なる原因で、同じ結果が導かれることがあるからです。実際にどのようなことが行われた結果、指標の向上に結びついたかというプロセスを評価していくことで、不公平感を和らげることができるのです。

section 5　顧客満足度
真実の瞬間

　接客を必要とする事業では、「よいお客様がお店を廃業に追い込む」といわれています。統計的には不満を持っている顧客のうち、わずか4％しかクレームを申し出ないのです。残り96％の顧客は黙って去っていき、91％は二度と顧客になりません。

　接客の良し悪しで顧客の反応が変わってきます。接客上の重要な場面である、「真実の瞬間」のいくつかを捉えていきましよう。

(1) 顧客と最初に接したとき
　最初の機会を逃したら、二度と新規のお客様に対してよい印象を与えるチャンスはありません。
　お客様と接する際には、迅速さと準備がカギです。
　以下に挙げた7つは基本的なことではありますが、非常に重要なルールです。
①顧客を見たらすぐ挨拶する
②質問には迅速かつ丁寧に応える
③顧客と約束した時間は守る
④顧客の質問には、あらかじめ答えを用意しておく
⑤身だしなみをきちんとする
⑥適切な質問をする
⑦あなたのお客様であることで、いい気分になってもらう

(2) 顧客が怒っているとき

　お客様の抱えている不満を解決するためには、まずは、その不満とお客様自身とを分けることが重要です。

　お客様本人に対しては、あくまでも誠意をもって接し、友好的に微笑みを持って心の込もったサービスを実施する必要があります。

　怒っているお客様に、冷淡な対応をすれば、たとえ問題が解決しても、二度とその人は顧客として戻ってくることはないでしょう。その人からの悪い口コミの広がりで、何倍もの見込み客を失うこともあり得ます。

　怒っているお客様に対しては、以下の5つの方法を実践しましょう。
①冷静さを保って、まずうっぷんを晴らさせる
②共感しながら耳を傾け、事実を聞き取る
③顧客の問題を解決するために行動を起こす
④丁寧に締めくくる
⑤すべての顧客を固定客にできると期待しない

　上記を実践することにより、少なくとも悪評の広がりを防ぐことができます。

　人は不満に対して予想以上の解決策が提示されると、逆に問題を解決してくれた人の大ファンになる場合があります。お客様が怒っているときは、大ファンを増やすチャンスであることを心に留めておきましょう。従業員一人ひとりにこの前向きな心がけがあれば、実際の問題発生時にも、冷静に対処することができます。

　ただし、怒っているお客様に接すると、強い自制心が要求され、大きなストレスがかかります。このような場面に多く接する従業員に対して、心理的支援も同時に考えておきましょう。

(3) 顧客が買いそうなとき

　顧客が買いそうな素振りを見せたときにアプローチすることによって、さらに顧客満足度を高めることができます。お客様が買う準備ができたときが、売るのに一番よいタイミングです。ところが、30分でその気になったお客様に気がつかず、その後1時間経過してお客様を逃してしまうケースが多々あります。そこで重要なことは、買いそうな素振りを見抜く方法です。

　以下のような行動パターンにより、ある程度判別できます。

１．言葉による素振り
　①「もう一度見せてもらえますか？」といった言葉
　②店員の言葉に賛同する
　③その製品を所有することについて積極的に話をする
２．言葉によらない素振り
　①身を乗り出す
　②あなたの目をじっと見る
　③微笑みを浮かべて眉間にしわを寄せていない
　④腕組みをしていない

　次に重要なことは、その気になったお客様にさらに買いやすい条件を整えることです。車のギアを変更するように、買いたくなったお客様を実際に買うところまで気持ちよく導くのです。条件は具体的に、以下のようなことが考えられるでしょう。
①支払方法はどうするか？
②置き場所はどうするか？
③それが役に立たなかったらどうするか？
④壊れたらどうするか？
⑤それを買ったことをどう正当化するか？

上記の支払い方法、置き場所、その他の条件を整えるための準備をしておき、その時に備えておきましょう。

(4) 顧客からクレームを受けたとき

　実際にモノやサービスを購入したお客様からクレームを受ける場合があります。この場合にはどのような対処が必要でしょうか？　クレームを言うお客様は、実際に不満を持っているお客様の約4％といわれています。

　しかも、クレーム内容は改善の余地のある分野を明確にする絶好のチャンスなのです。クレームをチャンスに変えるために、次の6つの心構えが重要です。

①クレームを歓迎する
②すべてのクレームについて真剣に考える
③経営トップがクレーム対応に積極的に参加する
④クレームを記録して分類する
⑤クレーム解決に目標を設定する
⑥クレームから学んで改善する

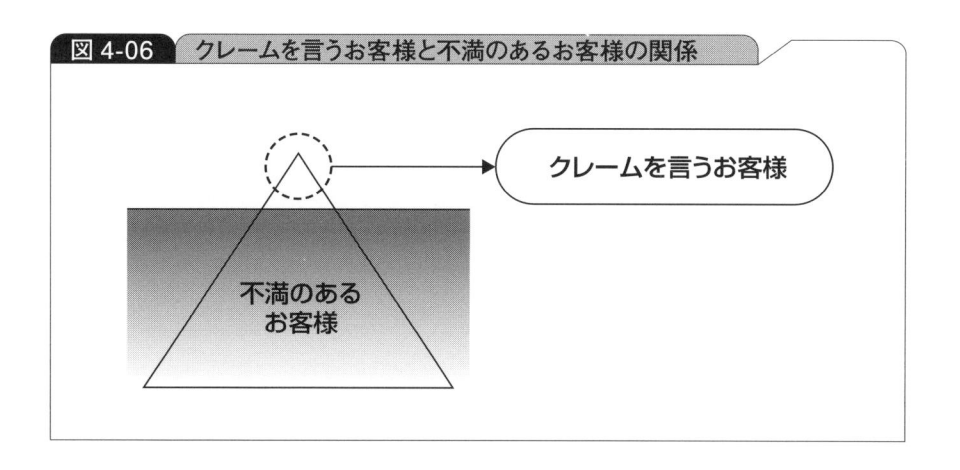

図 4-06　クレームを言うお客様と不満のあるお客様の関係

クレームを言うお客様

不満のある
お客様

section 1　**CRMとは**
section 2　**顧客生涯価値**
section 3　**顧客生涯価値の算出**
section 4　**顧客の順位付け**
section 5　**顧客への働きかけ**
section 6　**顧客の組織化とネットワーク**

PART 5

CRM

顧客生涯価値が高ければ、
最終的な利益は大きくなる。
顧客満足度を向上させるための
CRMについて理解する。

section 1　CRM
CRMとは

　PART3 section3でも説明したリレーションシップ・マーケティングは、1990年代に米国のレジス・マッケンナが提唱したマーケティング理論です。それ以来、顧客関係の構築にフォーカスを当てたCRMが注目されるようになり、今日では「企業と顧客との関係性維持」という幅広い概念として位置付けられています。
　顧客ロイヤルティは、広告や販売促進活動だけでは強化できません。企業は、顧客との間で強い信頼関係を築いていくことが欠かせません。CRMは、ロイヤルティ・マーケティングを展開するための重要な経営手法の一つです。

(1) CRM とは
　CRM（Customer Relationship Management）とは、顧客満足度を向上させるために、長期的に顧客との関係を構築するための経営手法のことで、「顧客関係性マネジメント」ともいわれています。
　顧客との取引関係を継続させるCRMの取り組みは、広義には商品やサービスの継続的な取引といった経済的な側面だけでなく、心理的・社会的・制度的な関係の強化を図る諸活動など多面的な概念をいいます。
　昔から、病院では患者別に病名や主要症状、治療方法などをカルテで管理していました。カルテをもとに診断を行い、問診を通じて患者との信頼関係を構築しています。
　CRMは、狭義には、企業がIT（情報技術）を駆使して、顧客データベースをもとに組織的に顧客をサポートしたり、顧客との関係構築を図った

りすることを意味します。顧客の属性、購買履歴、問い合わせ履歴、趣味・嗜好などを分析し、顧客ごとの個別ニーズを詳細に把握します。そのうえで、顧客を満足させる対応や提案を行い、顧客との関係をより強化し、収益の向上を図ります。

(2) CRMが注目される理由

かつてはモノを作れば売れるという時代がありました。しかし、現在のようにモノがあふれ、社会の成熟化が進むと、新規顧客開拓の余地が限られてしまい、顧客の厳しい選択に合わせて多様な商品やサービスを適切に提供する必要性が増してきました。

新規顧客の獲得には、既存顧客を維持するためのコストに比べ、5倍のコストがかかるといわれています。つまり、既存顧客をつなぎ止めて、繰り返し取引してくれる優良顧客になってもらうことが重要です。

規模の小さな個人経営ならば、経営者自ら顧客の誕生日や家族構成、商品の好みなどを覚えて、顧客に合った適切な商品やサービスを提供できます。しかし、従業員が増えて企業規模が大きくなると、従業員全員が多くの顧客の詳細を覚えることは不可能なため、顧客一人ひとりとの関係性が薄れてきます。対面での販売商売だけでなく、電話や電子メール、インターネットによる受注など、取引形態が多様化しています。その結果、企業全体として優良顧客を確実に判別することが困難になってきています。

ITの進展により、コンピュータやネットワーク基盤の整備が進み、ITは単に業務や処理の効率化としてのツールから、インターネットを活用した双方向のコミュニケーションツールへと大きな変貌を遂げてきました。

部門や担当者が変わっても、優良顧客に対して常に一貫した対応をするためには、顧客が過去にどのような商品を購入したのか、どのような

好みを持っているのか、といった情報を部門や担当者を超えて共有する仕組み作りが必要です。そのためには、顧客に関する情報を全社で一元管理して活用できる統合データベースが不可欠です。統合データベースを活用することで、蓄積されたデータからさまざまな切り口で優良顧客を見つけ出し、顧客との対話や特別なサービスを提供します。

(3) 主な CRM システム

　CRM が提唱された当初は、主に営業支援システム（SFA：Sales Force Automation）や CTI（Computer Telephony Integation）などのフロントオフィス系の営業管理手法として活用されていました。

　SFA とは、営業担当者が個々の営業ノウハウや営業情報などを全社で共有し、それらを営業効率の改善に利用しやすいように構築したシステムです。

　CTI とは、電話やファックスをコンピュータシステムと統合する技術です。カスタマーサポートやお客様相談室などのコールセンターにおいて、顧客データベースと電話を連動することで、顧客からかかってきた電話から顧客のプロファイル、購入履歴、電話応対履歴などを参照しながら、担当者が迅速に対応します。コールセンターは、従来電話応対中心でしたが、電子メールや Web による顧客対応も含めて、コンタクトセンターと呼ばれることが多くなっています。

　SFA や CTI はその後、データ・ウェアハウス（DWH：Data Warehouse）やサプライ・チェーン・マネジメント（SCM：Supply Chain Management）など、バックオフィス系システムと連動するようになりました。データ・ウェアハウスとは、「データの倉庫」という意味で、POS データや会員カードなど時系列で蓄積されたさまざまなデータの中から、取引データなどを抽出・加工することによって、データ分析と意思決定を支援するためのシステムです。

SCMとは、メーカーから消費者までの商品供給の流れをサプライ・チェーン（供給連鎖）と捉え、部門間や企業間をネットワークで結び、販売情報や重要情報をリアルタイムで共有することによって、ビジネスプロセスの全体最適化を図りながら在庫の削減やコストの削減などを実現する経営手法です。現在は、統合CRMとして幅広いコンセプトを持ったITソリューションと位置付けられています。

(4) CRMの留意点
①常に最新情報を収集
　顧客が消費者であれば、住所・職業・家族構成等の顧客属性は時間とともに変化します。顧客が企業であっても、企業規模は変化し、担当者も変わります。

　市場や外部環境の変化によって、顧客ニーズは大きく変化します。10年前の情報をもとにマーケティング活動をしても、長期的に顧客との関係性を維持することはできません。

②顧客情報の取り扱い
　万が一、顧客情報が社外に漏えいしたり顧客の了解を得ないで目的以外に活用すれば、企業イメージの低下につながり、場合によっては企業に取り返しのつかない損害を及ぼす恐れがあります。設備やシステム上のセキュリティ対策はもちろんのこと、情報漏えいの原因は企業内部に存在することが多いため、社員のモラール向上のための人材育成にも留意する必要があります。

　2005年、個人情報の有用性に配慮しながら個人の権利利益を保護することを目的とした、「個人情報保護法」が施行されました。

　最近では、収集する個人情報に対するセキュリティやプライバシーの考え方を「セキュリティポリシー」や「プライバシーポリシー」として文書化し、ホームページなどで公開している企業も多くなっています。

section2 CRM
顧客生涯価値

　顧客は以前よりも価格に敏感で要求が厳しく、寛容でなくなっています。しかも、多くの競合他社から同等以上の勧誘を受けています。顧客生涯価値は、生涯にわたり自社の商品やサービスを購入してくれる顧客こそが企業にとって最も重要な顧客である、という考え方が基本になっています。

(1) 顧客生涯価値とは

　顧客生涯価値（LTV：Lifetime ValueまたはCLV：Customer Lifetime Value）とは、新規顧客が顧客ライフサイクルまたは一定年数に企業にもたらすと思われる利益の現時点での正味現在価値のことです。普通の価値測定は、短期の価値を計算するのに対し、顧客生涯価値では長期にわたる価値を計算します。

(2) 顧客維持がもたらすメリット

　自社の商品やサービスを利用した顧客を引きつけ維持するほうが、新規顧客を開拓するよりもコストが安く済みます。その都度新規顧客を獲得していくためには、自社をもっと知ってもらうための広告、自社に引き込むための販売促進など、相当なコストが発生するからです。

　顧客にとっても、商品やサービスを探索するコストを削減できるメリットがあります。以前に比べ、余暇時間の価値は高まりつつあり、買い物に割く時間が短くなっているため、利便性に対価を払う顧客が増えています。顧客は、あちこち探して低価格の商品やサービスを手に入れ

るよりも、信頼できるいつもの店で手に入れることを選択します。

(3) 顧客生涯価値の例

　Aさんは、X社製の20万円のパソコンを3年ごとに買い換えます。一方、Bさんは30万円するパソコンを3年ごとに買い換えますが、いろいろなメーカーのパソコンを購入します。

　同時期に、AさんとBさんがX社製のパソコンを購入したと仮定しましょう。X社から見ると、短期的には30万円のパソコンを購入したBさんのほうが売上・利益に貢献します。しかし、12年という長期的な視点で見ると、Aさんのほうが累計の購入金額が多くなり、X社の売上・利益に貢献していることになります。

　1回の購入金額が少なくても、長期的に顧客でいてもらえれば、最終的な売上総額・利益総額は多くなるのです。つまり、X社にとって、Aさんのほうが顧客生涯価値は高いといえます。

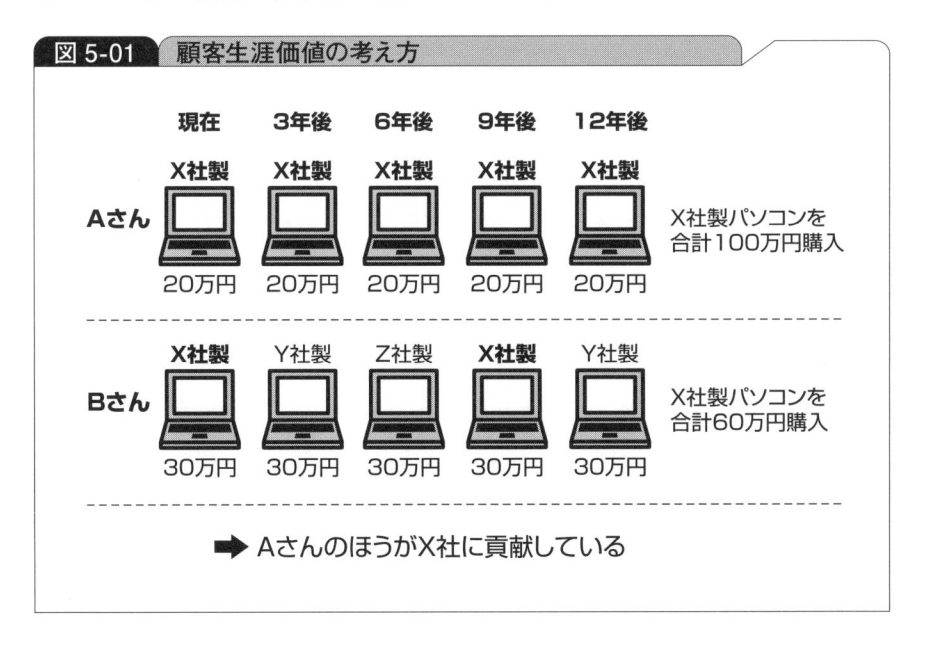

図5-01　顧客生涯価値の考え方

	現在	3年後	6年後	9年後	12年後	
Aさん	X社製 20万円	X社製 20万円	X社製 20万円	X社製 20万円	X社製 20万円	X社製パソコンを合計100万円購入
Bさん	X社製 30万円	Y社製 30万円	Z社製 30万円	X社製 30万円	Y社製 30万円	X社製パソコンを合計60万円購入

➡ AさんのほうがX社に貢献している

(4) 正味現在価値と時間価値

　前述のパソコンの例では、時間価値を考慮していませんでしたが、顧客生涯価値は、期間が長期にわたるため、時間価値を考慮した「正味現在価値」を算出します。

　正味現在価値とは、将来のキャッシュ・インフロー（現金流入）の現在価値から、投資であるキャッシュ・アウトフロー（現金流出）の現在価値を差し引いた正味の金額のことです。

　現在の100万円と10年後の100万円では、同じ100万円でも価値が異なります。例えば、物価が毎年1％上昇すると仮定した場合、現在100万円で買える商品は、物価の上昇により、10年後には110.46万円［100万円×$(1+0.01)^{10}$］となり、100万円では購入できなくなります。

　つまり、現在の商品と10年後の商品は同一価値であっても、時間が経過するとともに相対的に貨幣価値が下がり、同じ金額では商品が買えなくなります。

　このように、貨幣の価値を時間と対応させて考えることを「時間価値」といいます。現在における価値を「現在価値」、将来における価値を「将来価値」といいます。

　次に、現在の100万円の貨幣価値と10年後の100万円の貨幣価値を対比してみましょう。同じように、物価が毎年1％上昇すると仮定した場合、名目上は、現在も10年後も同じ100万円で変わりません。すなわち、時間価値を考慮しない考え方です。

　しかし、実質的には、物価が上昇すると相対的に貨幣価値が下がりますから、現在の100万円は10年後の90.53万円［100万円÷$(1+0.01)^{10}$］の貨幣価値に相当します。

　このように、時間価値を考慮した90.53万円を「正味現在価値」といいます。

図 5-02　時間価値

●物価が毎年1％上昇すると商品の価値は……

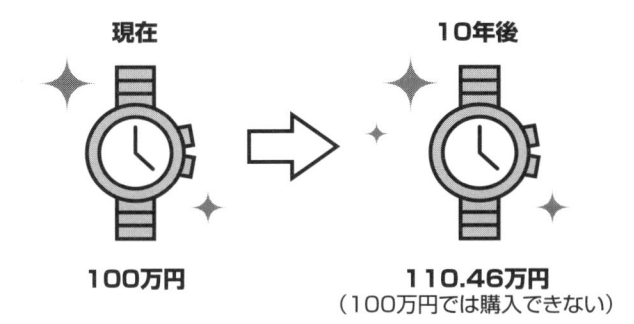

現在　　　　　　　　10年後

100万円　　　　　　110.46万円
　　　　　　　　（100万円では購入できない）

●物価が毎年1％上昇すると貨幣の価値は……

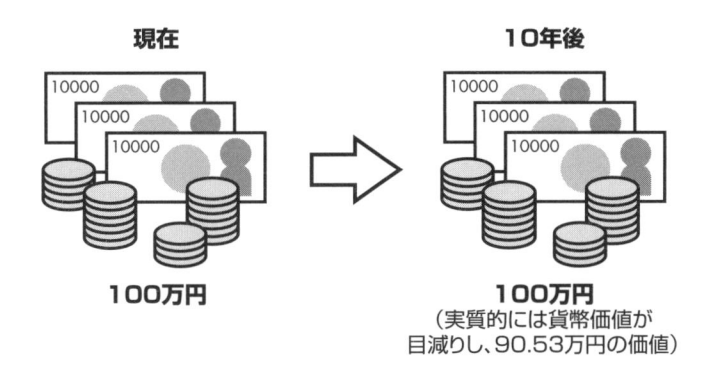

現在　　　　　　　　10年後

100万円　　　　　　100万円
　　　　　　　　（実質的には貨幣価値が
　　　　　　　　目減りし、90.53万円の価値）

section 3 　CRM

顧客生涯価値の算出

　顧客生涯価値を、基本的なLTV（ライフタイム・バリュー）表でシミュレーションしてみましょう。顧客生涯価値を算出するためには、顧客一人ひとりの名簿と購買履歴データをコンピュータで管理していることが前提です。

図5-03　LTV表

		1年目	2年目	3年目	4年目	5年目
A	顧客数（人）	100	40	18	9	5
B	顧客維持率（％）	40	45	50	55	60
C	1人当たり年平均売上高（円）	10,000	10,000	10,000	10,000	10,000
D	売上高計（円）	1,000,000	400,000	180,000	90,000	50,000
E	1人当たり売上高コスト比率（％）	50	50	50	50	50
F	コスト合計（円）	500,000	200,000	90,000	45,000	25,000
G	総利益（円）	500,000	200,000	90,000	45,000	25,000
H	割引率	1.00	1.10	1.21	1.33	1.46
I	正味現在価値（円）	500,000	181,818	74,380	33,835	17,123
J	累積正味現在価値（円）	500,000	681,818	756,198	790,033	807,156
K	顧客生涯価値（円）	5,000	6,818	7,562	7,900	8,072

(1) 顧客生涯価値の分析

A：顧客数

　調査対象の顧客数を100人とし、年数経過とともに残った顧客数を示しています。調査開始後の新規顧客については、表に含めません。

B:顧客維持率

　年間で残る対象顧客の割合です。1年目を40％と設定し、年数経過とともに顧客関係性が維持されることを考慮し、維持率が毎年5％上昇すると仮定します。

C:1人当たり年平均売上高

　顧客1人当たりの年平均購買金額を表しています。実際には変動はありますが、今回は変わらないと仮定します。

D:売上高計

　(A) 顧客数×(C) 1人当たり年平均売上高で求めます。
　対象顧客の売上高合計であり、対象外の顧客の売上高は含まれません。

E:1人当たり売上高コスト比率

　売上高に占める商品の仕入原価、人件費、販売経費などのコスト割合です。売上高コスト比率を50％と仮定します。

F:コスト計

　(D) 売上高×(E) 1人当たり売上高コスト比率で求めます。

G:総利益

　(D) 売上高計－(F) コスト計で求めます。

H:割引率

　ここでは金利を10％で設定しています。市場金利以外に、金利上昇リスクや経営環境リスクなどを考慮しながら設定します。
　割引率の公式は、割引率 $D = (1+i)^n$ で、Dが割引率、iが金利、nが

経過年数です。

5年目（今から4年後）の割引率は、$(1+0.1)^4 = 1.331$ となります。

I：正味現在価値

（G）総利益÷（H）割引率で求めます。

時間価値を考慮した、将来の利益を表します。

J：累積正味現在価値

（I）正味現在価値の累計です。

K：顧客生涯価値

（J）累積正味現在価値÷当初の調査対象顧客数で求めます。

　顧客は毎年流出するため、シミュレーションでは、対象となる1年目に獲得した100人の新規顧客のうち、5年目には5人しか残りません（A）。

　5人の顧客が、毎年平均10,000円の商品を購入した場合、売上は50,000円、売上にかかるコストの割合が50％とすれば25,000円、総利益は差し引き25,000円となります（C～F）。

　5人の顧客から得た、5年目の総利益25,000円は、時間価値を考慮していません。したがって、正味現在価値を求めるために割引率を使います。一般的には、将来予測が困難、変動が大きいなどの不確定要因が増えるため、市場金利、金利上昇リスクや経営環境リスクなどを考慮し、物価上昇以上のリスクを見込んで割引率を設定します。シミュレーションでは金利を10％としているため、5年目の割引率は1.46となりました（H）。総利益25,000円を割引率で除すと、正味現在価値が算出されます。つまり、5年目の25,000円は、現在価値（1年目）の17,123円に相当し

ます（I）。

　5年間の正味現在価値の総額は、807,156円となりました（J）。この中には、離反した顧客も含まれていますから、1年目の顧客数100人で除した8,072円が、顧客生涯価値になります（K）。

(2) 顧客生涯価値を高めるために

　LTV表からわかるように、顧客生涯価値を増大させるには、4つの方法があります。個々の企業の実態を把握したうえで、優先順位を決め、どのような手段でアプローチするかを検討します。

　容易に思いつくアプローチ方法は、顧客数の増大です（A）。既存顧客からの紹介率向上による新規顧客の獲得は、1から新規顧客を獲得するよりも、顧客獲得コストを低減できます。顧客ロイヤルティを維持するために顧客維持率を向上する方法もあります（B）。既存顧客に対するプロモーションやサービス面の強化策が考えられます。

　さらに、顧客一人ひとりの年平均購買金額の増加（C）や、流通手段の変更による直接費削減やマーケティングコストの効率化による、1人当たり売上高コスト比率の低下（E）により、顧客生涯価値を高めることができます。

図 5-04　顧客生涯価値を高めるポイント

①顧客数の増加
②顧客維持率の向上
③1人当たり年平均購買金額の向上
④1人当たり売上高コスト比率の引き下げ

section 4 / CRM
顧客の順位付け

　ほとんどの企業は、自社の顧客すべてに高い顧客満足を与えることは不可能です。コミュニケーションに多大なコストがかかるからです。自社にとって「大切な顧客」の優先順位を決め、顧客への対応を行うことが重要です。

(1) 80対20の法則

　イタリアの経済学者ヴィルフレード・パレートは、1897年に人口の20％に国の総資産額の80％が集中していることを発見しました。現在では、「80対20の法則」または「パレートの法則」と呼ばれ、経済学だけでなく、ビジネスや成功法則などにも普遍的な経験則として活用されています。「利益の80％は20％の顧客がもたらす」「利益の80％は20％の商品が生み出す」などは、パレートの考え方を応用したものです。

　「利益の80％は20％の顧客がもたらす」という法則を言い換えれば、「上位20％の顧客が利益の80％をもたらしてくれる」となります。つまり、貢献度合いが大きい上位20％の優良顧客を選別して、優良顧客をターゲットにしたマーケティング活動を行えば、収益の向上を図ることができるのです。

　ウィリアム・シャーデンは「20対80対30の法則」に変更すべきだと主張しています。上位20％の顧客が企業全体の利益の80％を生み出し、その収益の半分は下位30％の利益のない顧客へのサービスで失われているという考え方です。「20対80対30の法則」は、不良顧客の切り捨てにより、収益の向上を図ることができることを示唆しています。

(2) 大切な顧客の判断

　大切にしなければならない顧客とはいったい誰でしょうか。単に購買金額が大きいということで大切な顧客とするのでしょうか。来店頻度が高いから大切な顧客とするのでしょうか。高額な商品を買ってくれるものの、めったに来ない顧客を上位顧客とするのでしょうか。あるいは、価格対応の商品しか興味がなく、セールのときだけ頻繁に来店する、いわゆるチェリーピッカーやバーゲンハンターと呼ばれる顧客はどうでしょうか。

　基本的には、長期にわたって来店頻度も高く、自社の商品やサービスを気に入って買ってくれる顧客が大切な顧客です。業種・業態や取引実態によって大切な顧客は異なりますから、企業の実態に合わせて上位顧客を設定する必要があります。

　消費財を販売する小売店を例にとると、購買頻度が低い貴金属店や自動車販売店などの専門品を販売する店では、高額商品を購入してくれる顧客が大切です。

　カジュアル衣料品店やパソコンショップなど、流行性のある買回品を販売する店では、シーズン初めや新商品が出た段階で商品を購入してくれる顧客が大切です。

　購買頻度が高いスーパーやコンビニエンスストアなど、最寄品を販売する店では毎日来店してくれる顧客が大切です。

(3) 顧客データと感覚的な把握とのギャップ

　顧客データを分析すると、感覚的に把握していた大切な顧客と実際の上位顧客とが異なることがあります。特売商品しか購入しないチェリーピッカーを、来店頻度が高いからといって大切な顧客として判断してしまうケースです。

いくら来店頻度が高くても買上個数が極端に低く、自社への利益貢献度が低いと優良顧客とはいえません。業種・業態や当該企業の実態把握と合わせて、自社にとって本当に大切な顧客は誰なのかを整理し、順序付けすることが必要です。

(4) 顧客の順位は変動する

　新聞購読や学習塾の月謝など、毎月定額で支払いが発生する商品やサービスを除くと、ほとんどの商品・サービスについて、毎月支払う金額は変動します。

　コンビニエンスストアやスーパーマーケットで、ある月は毎日利用したのに別の月にはほとんど利用しなかった、あるいは引越しするまでは贔屓にしていたが、引越したらまったく利用しなくなった、といったケースです。顧客の環境変化やニーズの変化などによって金額が変動し、それに伴い顧客の順位も変動します。

　学校の場合、「中間テスト」「期末テスト」でそれぞれ順位付けを行うのと同様に、企業の場合は業種・業態によって、一定の期間を定めて順位付けを行う必要があります。一般的には、1週間、1カ月、3カ月、

図 5-05　月別顧客別来店回数および購買金額の例

顧客名	1月		2月		3月	
	来店回数	購買金額	来店回数	購買金額	来店回数	購買金額
○○	10回	8,400円	12回	9,300円	10回	9,000円
△△	4回	2,400円	3回	1,500円	0回	0円
××	2回	1,200円	8回	5,600円	2回	1,400円
⋮	⋮	⋮	⋮	⋮	⋮	⋮

半年、1年といった期間を対象にするケースが多く、使用開始から終了するまでのサイクルや消費者の行動特性を考慮して決定します。

(5) 顧客生涯価値を考慮した順位付け

　機械的に順位付けを行うと、どうしても納得できない問題が発生することがあります。例えば、数十年にわたり美容院を経営していて、長年従来からのひいき客が健康悪化や高齢化などの理由で美容院に行けなくなり、年間ベースで集計すると優良顧客にならないといったケースです。

　もちろん、RFM分析などに代表される顧客分析手法によって優良顧客と判定される顧客についてはまったく問題ありません。しかし、長年自社をひいきにしてくれた顧客は非常に大切な顧客のはずです。

　優良顧客とはいえないけれど、通常顧客で取引期間が長い顧客の取り扱いについては、RFM分析などの顧客分析手法に加えて、顧客生涯価値の考え方を取り入れます。

　例えば、顧客分析手法で順位を決めた後、顧客であった期間や累計金額が一定基準に達している顧客に対しては、順位にかかわらず一定の評価を加味することで解決できます。過去に優良顧客になった顧客に対し、しばらく来店がなかったという理由だけで、下位顧客に順位付けする間違いを防ぐことができます。

section 5 CRM
顧客への働きかけ

　CRMでは顧客との関係性をどのように構築するかが課題です。顧客の順位付けを行ったら、優良顧客の上位顧客には特別な顧客であることを知ってもらうための働きかけ、中位以下の顧客には上位顧客になってもらうための働きかけ、離反した顧客には戻ってもらうための働きかけなどのアプローチが必要です。

(1) ランクアップ・プロモーション

　一定の条件を達成した顧客に対し、特典の差別化を行うプロモーションのことです。あらかじめ顧客にランク別の達成条件や特典内容を明確にして、条件を達成すればランク別に特典を受けられる仕組みです。特に中位以下の顧客に有効で、もう少しで条件に到達しそうな顧客に対しては、上位へランクアップするための購買が期待できます。

　ランク別にプロモーションを実施して効果を検証することができるため、ランクアップした顧客やランクダウンした顧客の分析ができるとともに、ランク変動しそうな顧客に対して、事前に特別プロモーションを行うことができます。

　ランクアップの達成条件を厳しくしすぎると、他社に流出してしまう可能性があります。中位以下の顧客の特徴が、複数の競合他社で併買しているいわゆる「スイッチャー」と呼ばれる、単に価格が安いときや特別な企画があるときにだけ購入する顧客も含まれるからです。

　顧客との関係性を維持するうえで、顧客のこだわり要因を軸にしたグルーピングを行い、当該グループに説得力や吸引力のある提案やプロ

モーションを行うことが重要です。

(2) 特別待遇のプロモーション

　ランクアップ・プロモーションでは全顧客を対象とするのに対し、特別待遇のプロモーションでは「あなただけの特別優待です」などと、特定の顧客のみに対して思いがけない特典を提供します。特典内容は告知された顧客にしかわからず、特別待遇の対象となる条件も明かさないこともあります。特に、ロイヤルティの高い上位顧客に対して有効で、特別待遇の対象となった顧客は、通常の顧客とは違う特権に満足するとともに、さらなるロイヤルティの向上が期待できます。

　思いがけない特典は、顧客が期待していないときに提供すると効果的です。カード会員となってちょうど1年経過したときや、ポイントが一定水準貯まったときなど、あらかじめ設定された一定基準に達した場合も含まれます。

　特別待遇のプロモーションは気まぐれな方法ではなく、注意深く慎重に企画、実行しなければなりません。さしたる基準もなく他の顧客にも特権を与えていたり、基準を満たしているのに自分に特権が与えられなかったりすることがわかると、ロイヤルティの低下につながります。

(3) 離反顧客への働きかけ

　上位顧客が離反している場合、原因を究明して顧客との関係性を修復する行動を起こす必要があります。既存顧客同様、上位離反顧客に対しても、新規顧客を開拓することよりも、離反顧客を呼び戻すアプローチのほうが効率がいいからです。

　上位顧客が離反した場合でも再び戻る確率は結構高く、7割近いという調査結果もあります。もともと上位顧客であったのは理由があり、何らかの原因でその顧客が離反したといっても、自社のよさを再評価して

くれることがあります。離反顧客を呼び戻す働きかけを行う際、キーとなる部門における戻り率を継続的に調査しましょう。長期にわたってあきらめずに働きかけることが大切です。

(4) 顧客別に働きかけを行っている事例

　楽天市場の「楽天 Point Club」では、楽天市場でショッピングをしたことがある全顧客を対象に、過去6カ月間のポイント獲得数と獲得回数（利用回数）で「プラチナ会員」「ゴールド会員」「シルバー会員」「レギュラー会員」の4つの会員ランクを毎月ごとに決めています。会員は4つのランクに応じて、翌月1カ月該当ランクの会員特典が受けられます。

　会員ランクは毎月メールで通知されるため、会員は常にどのランクの会員なのか、わかるようになっています。プラチナ・ゴールド・シルバー会員は、楽天市場のホームページでログイン後にランク情報を確認でき、それぞれ「専用ページ」にアクセスできます。

　次月にランクアップしそうな会員には、ランクアップするために必要なポイント数と獲得回数を提示し、有効な企画を紹介することでランクアップを促進しています。次月にランクダウンしそうな会員には、ランクを維持するために必要なポイント数と獲得回数を提示し、有効な企画を紹介することでランクキープを促進しています。最上位のプラチナ会員は、1年間維持すると豪華特典企画に招待されます。

図 5-06　楽天Point Clubの会員ランク

レギュラー会員	シルバー会員	ゴールド会員	プラチナ会員
	Ⓢ SILVER	Ⓖ GOLD	Ⓟ PLATINUM
			1年キープで豪華特典
			プラチナナイト倶楽部
		ゴールドボーナス福引	プラチナボーナス福引
		マンスリー倶楽部	マンスリー倶楽部
	シルバープライズ（スロット懸賞）	ゴールドプライズ（スロット懸賞）	プラチナプライズ（スロット懸賞）
ポイント2倍優待キャンペーン	ポイント5倍優待キャンペーン	ポイント10倍優待キャンペーン	ポイント10倍優待キャンペーン
バースデープレゼント／会員向けメルマガ	バースデープレゼント／シルバー会員向けメルマガ	ゴールドバースデープレゼント／ゴールド会員向けメルマガ	プラチナバースデープレゼント／プラチナ会員向けメルマガ
楽天スーパーポイント獲得でレギュラー会員に！	200ポイントかつ2回利用/半年	700ポイントかつ7回利用/半年	2,000ポイントかつ15回利用/半年

「楽天市場」ホームページより（2011年1月当時）

section 6 CRM
顧客の組織化とネットワーク

　企業が顧客との関係性を維持するための手段の一つとして、顧客の組織化があります。顧客同士のインタラクティブな関係を作り出し、ロイヤル・カスタマーを作り出します。

(1) 顧客の組織化とは
　企業や商品を長く愛顧してくれる顧客を囲い込む会員組織を作ることを、顧客の組織化といいます。具体的には、会員制のサークルや友の会などの組織を作り、会員向け情報誌・メールマガジン・DMなどで情報発信を行い、会員に対して情報面や価格面でインセンティブを与えます。企業や商品に対しロイヤルティの高い顧客を囲い込むことで、継続的に安定した収益を得ることができます。

　顧客の組織化は主に、優良顧客のみを対象とする方法、希望する顧客を対象にする方法、顧客全員を対象にする方法があります。
　優良顧客を対象にした組織化の例としては、クレジットカード会社のゴールドカード会員が挙げられます。会員としての意識やロイヤルティが非常に高く、スイッチング・コストが高いのが特徴です。会員だけの特別待遇を行い、他の顧客との明確な差別化を図ることが必要です。
　希望する顧客を対象にした組織化の例としては、家電量販店のポイントカードが挙げられます。会員としての意識はあるものの、ロイヤルティはあまり高くないのが特徴です。キャンペーンといった販売促進で直接的な刺激を与える必要があります。

顧客全員を対象にした組織化の例としては、通信販売会社のポイント会員が挙げられます。自動的に会員となるため、会員としての意識やロイヤルティは低いのが特徴で、顧客情報の収集には役立ちますが、組織化のメリット自体は大きくありません。ランクアッププロモーションを行い、ロイヤルティを高めることが必要です。

(2) 口コミとバズ・マーケティング

　口コミとは、うわさ・評判などを口伝えに広めることで、しばしば強力な影響を消費者に与えます。多くの場合、消費者は商品やサービスに関する知識を持つ周辺の家族や友人、仲間といったオピニオン・リーダーに意見を求めることが多いからです。口コミは信頼性が高く、広告に比べてコストがかからない特徴があります。

　近年、口コミを応用したバズ・マーケティングが注目されています。バズとは「蜂がぶんぶんと飛ぶ音」という意味で、バズを誘発するように、人の口から口へと伝えていくマーケティング手法のことです。従来の口コミと異なる点は、標的顧客を明確にし、発言に影響力を持つオピニオン・リーダーと情報伝達の選定をすることです。

　バズ・マーケティングが重視されるようになった背景には、マスメディア広告が発信する情報量が多いため、情報を処理しきれずに大半がノイズ（雑音）になり、マスメディア広告の相対的な価値が低下し、口コミの影響力が高まったことが挙げられます。悪いことは隠して、いいことしか言わない広告や接客要員によって、消費者は懐疑的態度をとるようになり、実際に体験した消費者からの口コミ情報の方を信頼するようになりました。インターネットの普及で、Webサイトのフォーラムやブログなどで広範囲な人と人とのつながりによる情報共有が可能となり、口コミの力がますます強くなっています。

(3) ネットワークの拡大

　かつて消費者間同士のコミュニケーションは、顔の見える範囲内で行われていました。インターネットの登場によって、多数のWebサイトのフォーラムでコメントの書き込みが掲載されるようになり、知らない消費者間においてもリアルタイムに対話が進められるようになりました。つまり、消費者間のネットワークがグローバル化しているといえます。「価格.com」では、商品ごとの価格比較を見ることができるとともに、消費者による購入後の評価の書き込みを参考に、購買の意思決定に役立てることができます。

　企業と消費者との間においても、ネットワークが拡大しています。消費の多様化や商品ライフサイクルの短縮化に迅速に対応するために、企業が消費者に対して新しいアイデアを募集し、結果を消費者にフィードバックするといった、市場調査や商品開発の手段として活用されています。消費者にとっても、提供した情報が活用されたことを知った場合は、企業に対するロイヤルティが向上します。

　このようなネットワークの拡大に伴い、バイラル・マーケティングの考え方が生まれました。バイラル、すなわち「ウィルス感染」のように、口コミが短期間で瞬時に広域に広がるという特性から、企業の行うコミュニケーション活動に利用していくことを指します。

　電子年賀状のように、商品やサービスによって利用者が知人に知らせたくなるものを1次的バイラルといい、お友達紹介キャンペーンのように、インセンティブによって誘引するものを2次的バイラルといいます。

　ただし、バイラル・マーケティングは、企業が口コミをコントロールするのは困難なため当たりはずれが大きく、コミュニケーション管理という観点からは問題が残されています。

(4) 顧客組織化を行っている企業の例

　食品メーカーのカゴメでは食育支援活動の一環として、トマトジュース専用トマト「凛々子(りりこ)」の苗をたくさんの人に育ててもらうために、小学校、幼稚園、保育園などといった学校関係者および個人消費者を対象にした、双方向コミュニティサイト「カゴメ凛々子わくわくネットワーク」を開設しています。コミュニティサイトは誰でも閲覧できますが、ユーザー登録するとメンバーとして、カゴメ公認サークルに参加することができます。

　コミュニティサイト内には、トマト栽培に関するサークルが2つあり、学校関係者向けのサークル「モグモがサポート！　栽培学習ひろば」は、子どもたちの「命の大切さ」「感謝する心」を育む目的で運営されています。メンバーは子供たちが発見した「凛々子」の変化や、学校・園での取組みの様子などを情報発信しています。個人消費者向けのサークル「わたしの凛々子　生長日記」では、メンバーはトマトの苗の育成状況に関する情報交換、農閑期に当たる時期はトマト栽培の抱負や川柳キャンペーンなどを行っています。

　カゴメが新商品のヒントを得るために開設した、個人消費者向けサークル「カゴメわくわく調査隊」もあります。ここではトマトを使った料理の情報交換や、顧客の声を収集するためのアンケート調査やプレゼントキャンペーンなどを実施しています。

　公認サークルとは別に、仲のいいメンバー同士が自主的に「サークル」を作ってブログを公開することができます。ブログを更新すると、コミュニティサイトから更新情報が掲載されます。

　カゴメでは、主力商品のトマト飲料やケチャップの原材料となるトマトを活用し、栽培の機会と情報交換の場を提供することによって、ロイヤル・カスタマーを囲い込むとともに、顧客組織化によるブランドイメージの向上を図っているのです。

section 1　顧客データの有用性
section 2　POSシステムとは
section 3　POSシステムのメリット
section 4　バスケット分析
section 5　アップセリング

PART 6

顧客データと商品データ

顧客データや商品データを
管理するためのPOSシステム、
バスケット分析、アップセリングとは？
データベース・マーケティングの
必要性を理解する。

section 1　顧客データと商品データ

顧客データの有用性

　ロイヤルティ・マーケティングは、顧客を中心にマーケティングを構築していきます。顧客との関係性を維持・構築するためには、顧客データと商品データの活用が不可欠です。

　顧客主導型のマーケティングでは、顧客との関係性を構築・維持し、長期にわたって売上を増大するために、顧客の情報を可能な限り収集・分析し、顧客によりよいサービスを提供することが重要です。現在、顧客データベースを構築するうえで、コンピュータや通信ネットワークなどのITは不可欠です。

(1) マス・マーケティングとデータベース・マーケティング

　産業革命以前は、手工業による生産が中心で、工業と農業における生産性はあまり進歩がないものでした。水上では船による輸送が発達したものの、内陸部における荷物は、人馬で運んでいました。

　産業革命によって大量生産が可能となり、鉄道や自動車が発明され、鉄道網や道路網の整備が進みました。交通機関が発達すると、製品を遠方まで運搬することができるようになり、同一製品を全国どこでも売ることができるようになりました。

　電信・電話などの通信が普及すると、情報が全国に即時に行きわたるようになります。このような背景の下、マス・マーケティングは生まれ、全国紙の広告やテレビ、ラジオなどのマス広告の普及が大衆を作り出してきました。

　マス・マーケティングは、1つないし少数の製品・サービスを大量生

産、大量広告、大量流通により、すべての消費者に対しアプローチをします。コカ・コーラ社は、クラシック・コーラ1種類だけで長期間世界展開し、成功してきました。

しかし、ほとんどの人が必要最低限の製品を手に入れられるようになり、新製品が加速度的に生み出されて新製品の導入と拡大のペースが速くなると、顧客ニーズの多様化や製品ライフサイクルの短縮化が進行しました。

特定の顧客を対象にしないマス・マーケティングでは、顧客ニーズの多様化に対応できなくなり、顧客データを収集・分析し、個々の顧客に

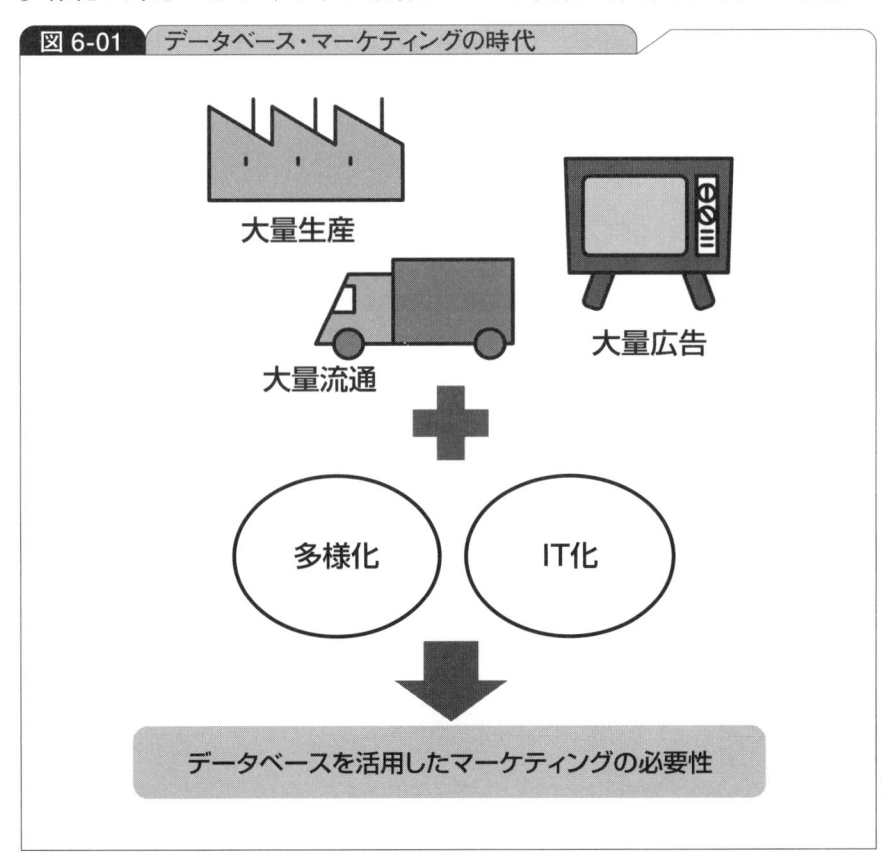

図 6-01　データベース・マーケティングの時代

大量生産
大量流通
大量広告
＋
多様化　IT化
↓
データベースを活用したマーケティングの必要性

対して戦略的に販売するデータベース・マーケティングが注目されるようになりました。

(2) 顧客データが利益を生み出す

　昔の小さな商店では、経営者の頭の中で優良顧客を完璧に把握していました。優良顧客に対して「御用聞き」を行うことでニーズを把握するとともに、顧客との関係性を構築してきました。

　しかし、現在は他店との競合、住民の流動性の高まり、顧客ニーズの多様化などにより、優良顧客のニーズを完全に把握することができなくなっています。

　データベース・マーケティングでは、自社の顧客属性や購買履歴をデータベースとして蓄積・管理し、データベースの分析に基づいて顧客ニーズを把握し、顧客との関係性を構築します。顧客データは「利益を生み出す宝庫」です。顧客データがないと、顧客ニーズに合わせた品揃えができず、優良顧客の流出につながります。

(3) 顧客データベースの情報

　顧客データベースは、単に氏名、住所、電話番号を登録する以外に、消費者の過去の購買履歴、デモグラフィックス（年齢、収入、家族構成、生年月日）、サイコグラフィックス（活動、関心、考え）、メディアグラフィックス（テレビ、ラジオなど選好する媒体）を含んでいるのが理想的です。

　ビジネス・データベースには、企業顧客の過去の購買履歴（量・価格・利益）、購買部署や担当者の名簿（年齢、生年月日、趣味、好きな食べ物）、現在の契約状況、顧客のビジネスにおいて自社が占めている推定シェア、競合他社、顧客への販売とサービスにおける競争上の強みと弱みの評価、関連する購買慣習、パターン、方針などが含まれます。

(4) 顧客データベース構築の留意点

　顧客リレーションシップを管理するために、安易に顧客データベースを構築しても、うまくいくとは限りません。例えば、子供から高齢者まで幅広い顧客層を持つコンビニエンスストアでは、顧客の収入情報や家族情報などをほとんど必要としません。

　どのような情報が本当に必要なのかを検討したうえで、顧客データを管理・蓄積しましょう。

　CRMシステムを導入した70％の企業が、導入後もほとんど改善が得られなかったというコンサルティング会社の調査結果があります。顧客データベースを構築し維持するためには、コンピュータ・ハードウェア、データベース・ソフトウェア、解析プログラム、通信リンク、スキルを備えた人材への投資など、多大な投資が必要です。そのため、顧客データベースの構築と運用に、あらかじめいくら投資するかを決めておくことが重要です。

　顧客とのつながりをどのように構築していくかが課題であり、そのためには、どのような顧客データベースを構築するかを考えなければなりません。アウトプットの設計から検討し、遡って必要なインプット情報を考えます。つまり、顧客に対してアクションを起こすために、どのような情報が必要なのかを見定めて、顧客データベースを構築する必要があります。

　しかし、実際にはインプットから顧客データベースを構築するケースが多く見られます。

section 2　顧客データと商品データ
POSシステムとは

　POSシステムによって商品管理だけでなく、顧客情報や購買履歴情報の収集が可能になりました。POSシステムは、コンビニエンスストアやスーパーマーケット、ドラッグストア、ホームセンターなどのチェーンストアで導入されていますが、近年では一般商店にも簡易版POSシステムが普及しています。ここでは、POSシステムについて見ていきます。

(1) POSシステムとは

　POS（Point of Sales）システムとは、販売時点情報管理システムのことです。マーキングされた商品のバーコードをスキャナで自動的に読み取り、POSターミナルと接続されたストアコントローラで一元管理することで、販売時点でのリアルタイムな単品ごとの販売情報の収集や情報の集中管理を可能にする仕組みです。

(2) マーキングとは

　マーキングとは、製品に文字・記号・マークなどを印字・表示して識別することです。広義には、缶詰やカップラーメンに印字される製造年月日なども含まれますが、ここではバーコードのマーキングのことをいいます。

　バーコードによるマーキングには、「ソース・マーキング」と「インストア・マーキング（ダイレクト・マーキング）」の2種類があります。ソース・マーキングは、製造元が商品の製造過程でバーコードを印字ま

図 6-02 バーコードによるマーキング

ソース・マーキング　　　インストア・マーキング

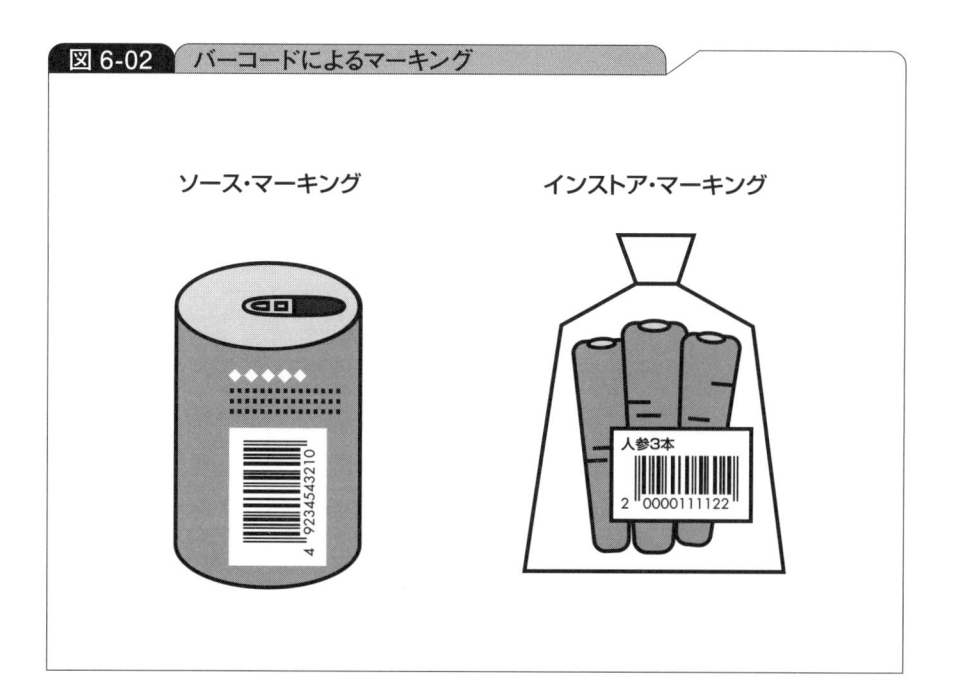

たはシールを商品に貼付することをいいます。例えば、お菓子の袋に印刷してあるバーコードが該当します。

インストア・マーキングは、店舗内や自社の流通センターでシールにバーコードを印字して商品に貼付するマーキングのことです。例えば、スーパーマーケット内で加工した生鮮品、店頭で販売される衣類の値札など、ソース・マーキングされていない商品に使用されます。

(3) POS ターミナルとは

POSターミナルとは、売上金の精算を行うために、店舗内に1台ないし複数台設置されたレジスターのことです。POSレジスターまたはPOSレジとも呼ばれます。金銭管理とレシート発行機能、簡単な集計機能しかなかった従来の機械式キャッシュレジスターの代わりになるも

ので、スキャナ入力により従来に比べてレジカウンターでの入力ミスが軽減され、業務が効率化します。

　レジスター本体には、商品についたバーコード（JANコードなど）を読み取るための光学読取装置のバーコードスキャナがついています。バーコードスキャナには、CCDを用いたハンディタイプと、レーザーを用いた据え置きタイプがあります。ハンディタイプは、コンビニエンスストアに多く、据え置きタイプはスーパーマーケットに多く設置されています。

　POSターミナルには、レシートプリンタが付属しています。レシートプリンタは、顧客へ手渡す目的で販売や返品などの精算情報を記録したレシートを印字する装置です。現在、サーマルロール紙（感熱紙）を用いたプリンタが主流で、領収書を発行する機能を持つ装置もあります。

　従来の機能に加え、顧客側にディスプレイを備える装置もあります。一部のコンビニエンスストアでは、液晶ディスプレイなどを採用し、商品広告を兼ねた機種もあります。

　その他にも、クレジットカードや電子マネー決済、ポイントカードなどに利用するための、GMSや交通系の電子マネーなどに代表されるタッチ式、もしくは磁気式などのカードリーダーに対応したPOSターミナルもあります。

(4) ストアコントローラとは

　ストアコントローラは、POSターミナルからデータを統合し、情報をPOSデータとして一元管理するコンピュータのことで、バックヤード（事務所）に設置されます。

　管理するデータ情報は、PLU（Price Look Up）、売上情報の収集・集計、本部との情報交換、店舗レベルの価格設定や変更などです。

　PLUとは価格検索機能のことで、自動読み取りされたJANコードな

どの商品コードから売価を参照する仕組みのことです。商品に印刷されている商品コードには、価格データが含まれていません。あらかじめストアコントローラに商品コードや価格データを登録しておき、バーコードスキャナで商品コードを読み込んだ際に、該当する商品コードの価格をストアコントローラに問い合わせをして価格データを検索し、販売価格をPOSターミナル上に表示します。ストアコントローラでデータを変更すれば、同一商品でも店によって販売価格が異なる場合にも対応でき、一括値下げによる販売価格の変更も可能です。

生鮮食料品など、品物の重量により価格が異なる場合には、POSターミナルで直接価格を入力する場合もあります。この方式をNON-PLUといいます。

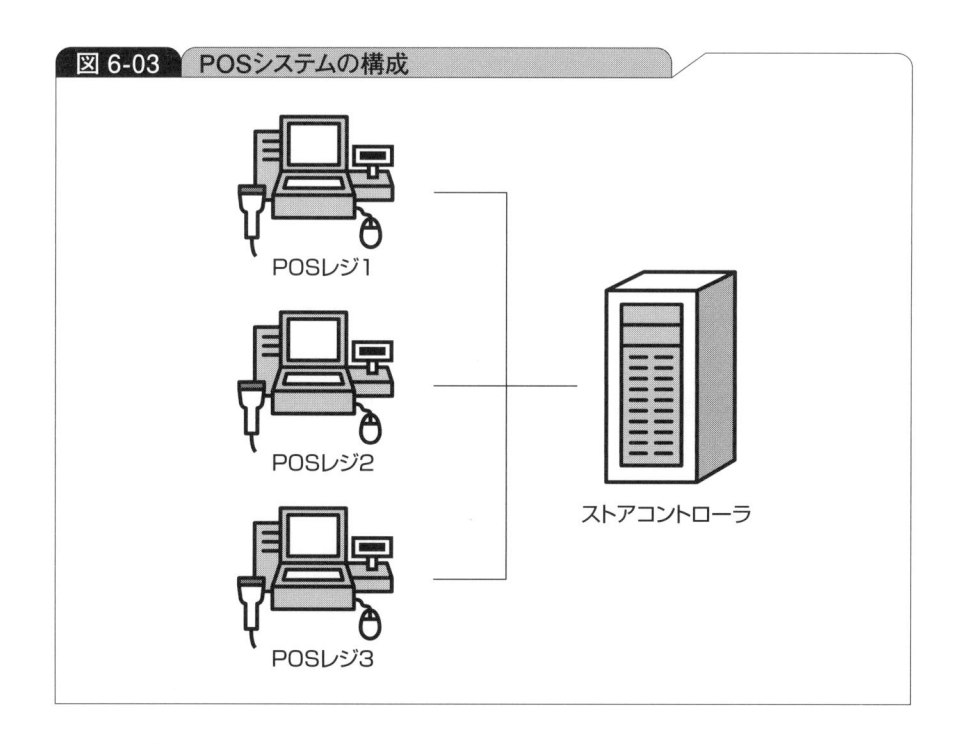

図 6-03　POSシステムの構成

section 3　顧客データと商品データ

POSシステムのメリット

　POSシステム導入の最大のメリットは、JANコードを活用した単品管理ができることです。商品名や価格、数量、日時などの販売情報を収集することで、経営者は、「どのような商品が、いつ、いくらで、いくつ売れたか」を迅速に把握し、販売情報をもとに戦略を立てることができます。ここでは小売業を中心に、POSシステムのメリットについて取り上げます。

(1) POSシステムのハードメリット

　POSシステムを導入するメリットは、導入してすぐに得られるハードメリットと、収集した情報を分析、加工することで得られるソフトメリットとに大別できます。

　POSシステムのハードメリットは次の通りです。

①レジ業務の省力化

　手入力と比較すると、精算時間を短縮できるとともに、入力ミスを防ぐことができ、正確な精算ができます。最新のPOSターミナル（POSレジ）には、釣銭間違いを防止するための硬貨自動釣銭機能が付いているものもあります。

　商品のバーコードをスキャナで読み取るだけで済むため、チェッカーの教育が容易になり、早期にレジに習熟できます。

②データ収集能力の向上

　売上データが即時にストアコントローラに蓄積されるため、売上データが正確かつ迅速に収集できます。コンピュータ入力も自動化により省

力化できます。

③店舗運営の合理化

　レジ業務の省力化やデータ収集能力の向上は、オペレーションレベル（現場レベル）でのメリットですが、店舗運営管理レベルでもメリットがあります。

　レジ管理が向上し、レジ操作における不正防止や正確な現金把握が可能です。値付け・値替え作業も省力化・迅速化できます。食品スーパーマーケットでは、消費期限間際や閉店間際になると、価格変更が行われることがあります。一部の企業では、商品からバーコード情報を読み取り、その場で割引率や変更後の価格を記載したシールを自動的に発行しています。

(2) POSシステムのソフトメリット

　POSシステムが経営的に大きなメリットを生むのは、ハードメリット以上にソフトメリットにおいてです。そのため、ソフトメリットを享受するための環境作りが重要です。POSシステムのソフトメリットは次の通りです。

①運営管理の適正化

　仕入情報や販売情報により、リアルタイムでの在庫の把握や売れ筋・死に筋情報の把握が可能となり、発注コストが軽減します。特に、商品の種類が多く、個々の商品サイクルの短い商品についてはPOSシステムが有効です。売れ筋商品の拡大や死に筋商品をカットすることで、陳列位置の見直し・ロケーションの適正化を図ることができます。

　コンビニエンスストアなどでは、顧客データ、当日の気象データ、周辺地域での行事やイベント情報を収集し、品揃えに活かしています。例えば、店舗周辺で小学校の運動会があれば、過去の販売実績や当日の天気予報などを勘案して、弁当を多めに発注します。

②商品回転率（棚卸資産回転率）の向上

　在庫情報を活用し、適切な商品管理を行うことによって、品切れによる販売機会損失の防止、過剰在庫による廃棄ロスの防止が実現します。その結果、商品回転率の向上につながります。

③商品計画の適正化

　顧客情報とリンクして、顧客購買動向の把握や商品別利益計画が可能になります。

　時間帯別の顧客購買動向に合わせて、従業員を適切に配置することができます。来店客が多い時間帯には、パート・アルバイトを多く配置し、来店客が少ない時間帯にはパート・アルバイトを少なく配置することによって、人時生産性の向上が図れるとともに、レジ待ちによる顧客不満足の解消や不要な人件費の削減が実現できます。このような最適勤務計画の策定のことを、LSP（レイバー・スケジューリング・プログラム）といいます。

④顧客管理の向上

　顧客情報による適切な販売が可能です。顧客情報の収集には、カード会員を募集して管理する方法と、コンビニエンスストアのように、キャッシャーがレジ精算時に顧客を見て、性別・年齢別の客層キーを入力する方法があります。

(3) 顧客から見たメリット

　POSシステムは、販売側だけでなく、顧客側にもメリットがあります。レジの正確化・迅速化によるレジ待ちの短縮や、ニーズに合致した品揃えにより、顧客満足度が高まります。ポイントカードを導入している企業の会員であれば、ポイントが貯まることで特典を得ることができます。

　明朗でわかりやすいレシートも、POSシステムのメリットといえます。商品本体に価格を表示していなくても、売り場に価格表示があり、レシー

トに商品名と価格が表示されているため、顧客に安心感を与えます。

　近年では、トレーサビリティに対応したPOSシステムが開発されています。トレーサビリティとは、生産、加工及び流通の特定の一つまたは複数の段階を通じて、食品の移動を把握することです。成城石井では、インストア・マーキングで印字された商品ラベルに、国内産牛肉のロット番号または個体識別番号を記載し、食の安全を提供しています。　独立行政法人家畜改良センターのホームページを通じて、牛の個体識別番号から、出生年月日、雌雄の別、母牛の個体識別番号、種別（品種）、飼養施設所在地、氏名・名称をトレース（検索）することができます。

図 6-04　POSシステム導入のメリット

ハードメリット	レジ業務の省力化	オペレーションレベル
	データ収集能力の向上	
ソフトメリット	店舗運営の合理化	店舗運営管理レベル
	店舗運営の適正化	
	商品回転率の向上	経営管理レベル
	商品計画の適正化	
	顧客管理の向上	
顧客から見たメリット	精算のスピード、正確性向上	

『POSシステム導入の基礎』（日本規格協会　浅野恭右著）を一部修正

section 4　顧客データと商品データ

バスケット分析

　POSデータからは、「どのような商品が、いつ・いくらで・いくつ売れたか」を把握することができます。しかし、なぜ買われているのか、購入する人はどのようなライフスタイルなのか、といった消費者の購買行動を分析しなければ、顧客の真のニーズはつかめません。

(1) バスケット分析

　バスケット分析とは、POSデータを活用し、顧客が1回の買い物で同時購買した商品の組み合わせを分析したもので、マーケットバスケット分析とも併買分析ともいわれます。バスケットとは、「買い物かご」のことです。

　バスケット分析の由来は、米国のウォールストリートジャーナルに1992年12月23日に掲載された「Supercomputers Manage Holiday Stock（スーパーコンピュータが休日の在庫を管理する）」とされています。記事では「アメリカ中西部の都市で、この店では、ある人が午後5時に紙おむつを買ったとすると、次にこの人はビールを半ダース買う可能性が一番大きいことを発見したのです」と報じています。

　スーパーコンピュータ（商用コンピュータ）を使ってPOSデータを分析したところ、なぜか紙おむつとビールが一緒に購買されていることがわかりました。休日になると、小さい子供を持つ家庭では、母親が紙おむつを購入するように父親に頼み、来店した父親が紙おむつと一緒にビールを買っているのではないかと推測し、紙おむつとビールを並べて陳列したところ、売上が増加しました。

それまでのPOS分析では、単に「何が売れていて、何が売れていないのか」を分析しているに過ぎませんでしたが、コンピュータに蓄積されたレシートの記録データを活用し、将来の顧客行動を予測して陳列を変更する手法は、POSデータの画期的な活用例として注目されました。現在では、電子商取引（eコマース）でのトランザクションデータ（取引データ）の分析にも応用されています。

　「紙おむつとビール」の事例以外に、「日曜大工店でペンキ（ラテックスペイント）を購入する人の8割がローラーを同時購入する」「パンとバターを購入する人の9割がミルクも同時購入している」などの事例も報告されています。

　膨大な量のデータから、有用な事実関係を発掘（マイニング）する手法をデータマイニングといい、画期的な情報活用方法としてバスケット分析とともに広まりました。

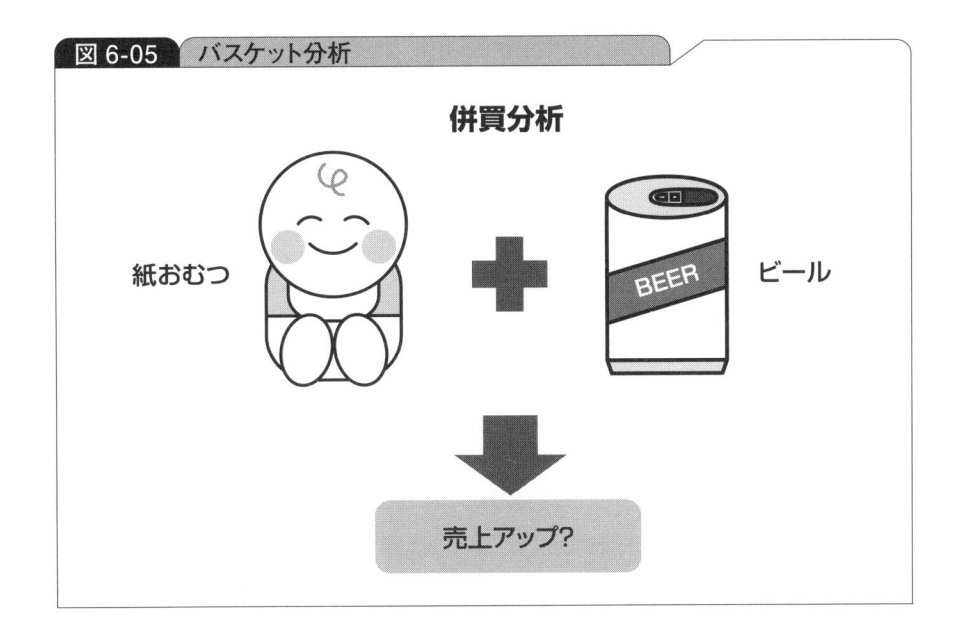

図 6-05　バスケット分析

併買分析

紙おむつ ＋ ビール

→ 売上アップ？

(2) PI (Purchase Incidence) と顧客支持率

　PIとは、レジを通過した顧客1,000人当たりの購買指数のことです。例えば、レジを通過した顧客1,000人に対してスイカが30個売れていれば、数量PIは3％となります。PI値は、次のように表すことができます。

　数量PI＝購買点数÷レジ通過客数×1,000
　金額PI＝購買金額÷レジ通過客数×1,000

　しかし、数量PIや金額PIは顧客数を考慮していません。例えば、顧客1人がスイカ30個をまとめて購入しても、顧客30人が1個ずつ購入しても、数量PIは3％で変わりません。

　そこで、顧客支持率を考慮した考え方が必要になります。レジを通過した顧客のうち、購入したバスケット数をカウントする方法です。レジ通過客数1,000人のうち1人しかスイカを購入していなかったら、0.1％の顧客支持率、30人が購入していれば3％の顧客支持率となります。
PI、顧客支持率ともに利点はありますが、商品カテゴリーを重視する場合はPI、顧客を重視する場合は顧客支持率を使用します。

(3) クロスセリング

　クロスセリングとは、ある商品を購入してもらう際に、もう1品の購買意欲を喚起し、併せ売りして売上を伸ばすマーケティング手法のことです。例えば、ハンバーガーショップでハンバーガーの注文を受けたときに「ポテトもいかがですか？」と声かけすることがクロスセリングです。

　データベース・マーケティングでは、データマイニングにより購買パターンを分析し、購買される可能性の高い関連商品を見つけ出します。ある事象が発生すると、別の事象が発生するといったような、同時性や

関係性が強い事象の組み合わせ、あるいは強い事象間の関係をアソシエーションルールといいます。バスケット分析は、アソシエーションルールを導き出すための分析手法といえます。

　顧客データベースを使うことで、クロスセリングの販売効率を高めることができます。例えば、「液晶テレビを購入すると、ブルーレイ／DVDレコーダーを購入する確率が高い」ことが判明したとします。過去にテレビを購入してから一定期間経過した顧客に対し、「液晶テレビが半額」のDMを送付すれば、液晶テレビ目当てに来店した顧客に、ブルーレイ／DVDレコーダーの併買を促進することができます。このようなマーケティング戦略を、クロスセル戦略といいます。

　クロスセリングで重要なのは、顧客の購買データの詳細な分析に基づいたクロスセル商品・サービスの提供です。クロスセル商品だけでなく、顧客属性、提供のタイミング、情報提供媒体なども分析対象となります。クロスセリングには、単にもう1品売り込むだけではなく、顧客に注意を促し、機会損失を防止する役割もあります。

　関連性の高い商品を集め、購買を促進して客単価の向上を図る陳列手法をクロスマーチャンダイジングといいます。クリスマス関連商品、大掃除関連商品などが該当します。1カ所で必要なものが揃うので、顧客の利便性を高めるとともに買い忘れを防ぐことができます。

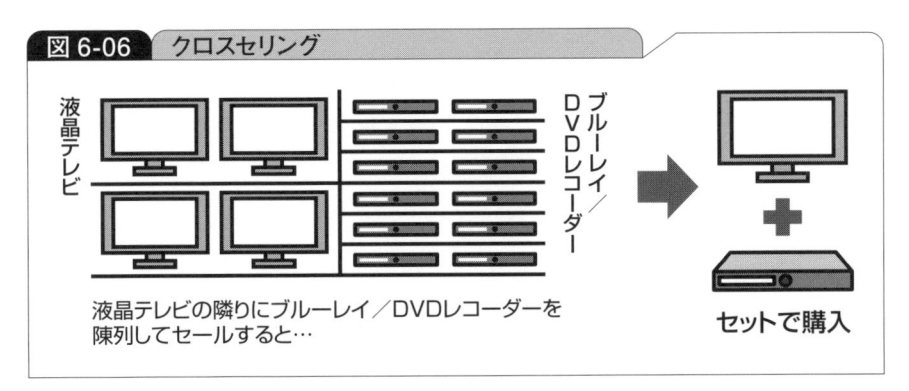

図6-06　クロスセリング

液晶テレビの隣にブルーレイ／DVDレコーダーを陳列してセールすると…

セットで購入

section 5　顧客データと商品データ
アップセリング

　中長期的に既存客を優良顧客に導く手法として、アップセリングがあります。アップセリングでは商品購入後にアプローチするため、顧客データが重要です。

(1) アップセリング

　アップセリングとは、顧客をよりグレードの高い商品・サービスへと導き、売上を伸ばすマーケティング手法です。アップグレーディングともいいます。例えば、ハンバーガーショップでポテトを受注した顧客に「40円プラスでLサイズにできますがいかがですか？」と声かけすることがアップセリングです。多頻度でクレジットカードを使う一般カード会員に対して、特典が充実しているゴールド会員へのステップアップを促進することや、アプリケーションソフトを使っているユーザーに対して、バージョンアップを促進することもアップセリングです。

　データベース・マーケティングでは、アップセリングを成功させるために、顧客データを詳細に分析し、顧客のライフステージに合わせた提案を行うことが重要です。顧客が必要な商品やサービスは、収入、生活状況、家族などによって変わるからです。ランクアッププロモーションは、アップセル戦略の代表的な手法です。

　顧客データベースを活用した例として、自動車販売があります。独身であれば小型車で十分かもしれませんが、子供が産まれれば、少し大きいミニバンのような乗り降りしやすい車が必要になります。収入が多くなり子供が成長すれば、高級セダンに乗り換えることもあるでしょう。

自動車販売時に顧客データベースを蓄積していれば、適切な時期に自動車の提案が可能です。子供が成人し、運転できる年齢になれば、2台目の自動車販売も考えられます。

(2) クロスセリングとアップセリングの違い

　クロスセリングの目的は、1人当たりの購入点数を増やし、顧客の購入金額を向上させることです。一方、アップセリングの目的は、購入点数は同じでも、より客単価を高く設定することで、顧客の購入金額を向上させることです。累積購買金額の増加を図るアップセリングでは、クロスセリングよりも長期的な視点が必要です。

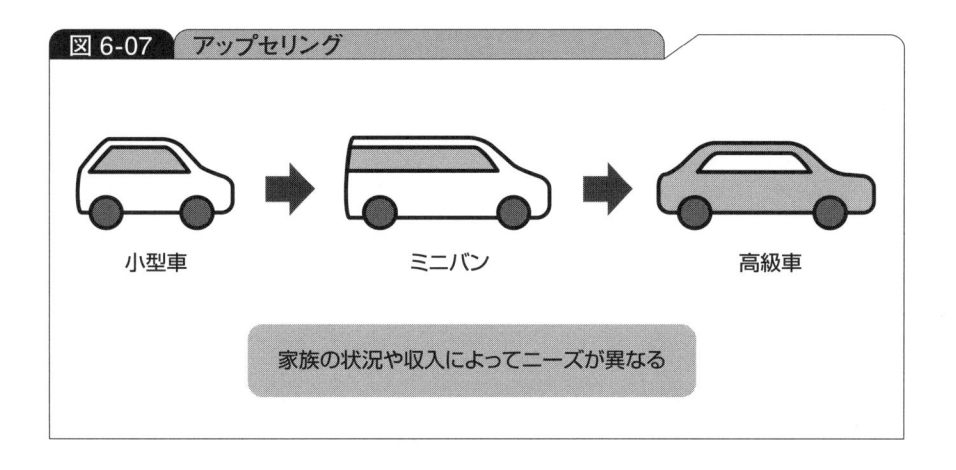

図 6-07　アップセリング

小型車 → ミニバン → 高級車

家族の状況や収入によってニーズが異なる

section 1　ABC分析
section 2　デモグラフィック分析
section 3　デシル分析
section 4　RFM分析

PART 7

顧客分析手法

ABC分析、デモグラフィック分析、
デシル分析、RFM分析など、
基本的な顧客分析手法を学ぶ。

section 1　顧客分析手法
ABC分析

　CRMやFSPは、ロイヤルティ・マーケティングの代表的な手法です。CRMやFSPを展開するための、ABC分析やRFM分析などの具体的な手法を確認します。

　どんなにいいプロモーションを行っても、顧客が要求する商品がなければ顧客を固定化できません。顧客ロイヤルティを構築する前提として、顧客ニーズに合わせた品揃えが重要です。ここでは、顧客ニーズの視点で商品分析を行う、ABC分析について見ていきます。

(1) ABC分析とは

　ABC分析とは、購入履歴データから商品の売れ行き傾向を把握するための管理手法です。商品をA（主力商品）、B（準主力商品）、C（非主力商品）の3種類に区分し、Aランクを最重点商品として管理します。自社の売れ筋商品が特定できるため、売上傾向を参考にして売り場の強化、売れ筋商品中心の品揃えと死に筋商品の排除、適切な価格設定を行うことができます。

(2) ABC分析の手順

　ABC分析の手順は以下の通りです。
①品目（アイテム）を売上高の多い順に並べます。
②品目ごとの売上高構成比と累積売上高構成比を計算します。
③縦軸に売上高、横軸を品目とした、縦棒グラフを作成します。
④累積売上高構成比を線で結び、折れ線グラフで表します。一般的には

図7-01　ABC分析

商品名	売上高（円）	売上高構成比（%）	売上高累計（円）	累積売上高構成比（%）	区分
商品a	74,631	40.1	74,631	40.1	A
商品b	54,463	29.3	129,094	69.3	A
商品c	24,539	13.2	153,633	82.5	B
商品d	10,637	5.7	164,270	88.2	B
商品e	9,687	5.2	173,957	93.4	C
商品f	5,403	2.9	179,360	96.3	C
商品g	3,200	1.7	182,560	98.1	C
商品h	1,968	1.1	184,528	99.1	C
商品i	1,046	0.6	185,574	99.7	C
商品j	582	0.3	186,156	100.0	C

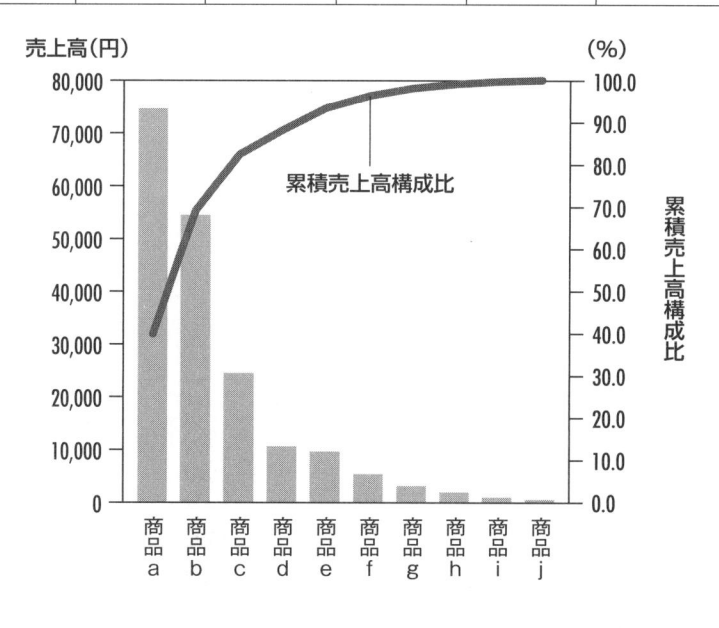

PART 7　顧客分析手法

70％以下をＡランク、70〜90％以下をＢランク、90％超をＣランクとしますが、ランクの基準は必要に応じて変えていきます。

(3) ABC 分析のポイント

　ABC分析を行った結果、Ｃランク商品だからといって安易に排除できません。将来売上が見込まれる商品でも、新商品で販売期間が短い、知名度が不十分などの理由により、Ｃランク商品に評価されることがあるからです。もし、優良顧客が購入している商品がＣランクだったら、その優良顧客の流出につながる可能性があります。「Ａランク商品はなぜ売れているのか」「Ｃランク商品はなぜ売れていないのか」を分析したうえで、商品の改廃を決定することが重要です。

　ABC分析では自社の取扱商品しか分析できません。競合他社で売れている商品を自社で取り扱っていない場合、顧客が本当に欲しがっている商品を品揃えできていないケースがあります。ABC分析では現在の顧客について、顕在ニーズを把握できますが、将来の潜在ニーズまでは把握できません。顧客に関する分析に加え、業界動向、競合店の動向、新商品情報といった調査も必要です。

(4) ABC 分析の応用例

　ABC分析は、商品分析以外にもさまざまな管理に活用することができます。いくつか例を紹介します。

①顧客ABC分析

　購入額の高い順に顧客を並べ、累積購入額構成比を折れ線グラフにして、優良顧客を把握する手法として活用します。例えば、訪問販売の場合、Ｃランクの顧客で、将来も売上が見込めない顧客への訪問回数を減らし、その分、Ａランクの顧客に対する訪問回数を増やすことで売上増加を図る方策が考えられます。より詳細な顧客分析を行う場合、後述す

るデシル分析やRFM分析を活用します。

②在庫分析

　在庫高の多い順に品目を並べ、在庫状況を管理します。在庫高の多いAランクの商品は、売上との関連で販売機会損失がないかどうかを重点管理します。売上高が0の商品については、売れる可能性があるかどうかを判断して、在庫処分などを検討します。売上高が0の商品をD（あるいはZ）とし、ABCD分析（ABCZ分析）と呼ぶことがあります。

③利益分析

　売上高の多い順に品目を並べ、売上金額から仕入金額を差し引いた粗利益を算出して、商品ごとに利益を管理します。利益をもたらしている商品を特定し、利益を上げるために取るべき方策を検討します。

　例えば、Aランク商品でも他の商品と比べて利益率が極端に低い場合、販売価格の見直しや仕入先の変更を検討する必要があります。Cランク商品でも利益率が高い場合、陳列方法の改善を検討する必要があります。

　利益率だけに着目すると、売れない商品ばかりの品揃えとなる可能性がありますから、利益分析を行う際は利益額についても検討します。

④不良品分析・苦情分析

　不良品・苦情の多い順に並べ、累積件数構成比を折れ線グラフにします。Aランクの不良品・苦情については優先的に改善策を講じることで不良品・苦情の発生を防ぎ、顧客満足度を向上させます。B・Cランクの不良品・苦情であっても、大きなトラブルとなるものについては迅速に改善策を講じる必要があります。

⑤クロスABC分析

　2つの基準でABC分析を行い、それに基づいて分類します。通常のABC分析よりも詳細な商品分析ができます。例えば、売上金額と粗利益の両面からクロスABC分析を行い、ともにAランクの商品については、目につきやすい場所に陳列することを検討します。

section 2　顧客分析手法
デモグラフィック分析

　自社を利用してくれる顧客は、どのような人が多く、どこに住んでいるのか等、顧客のことを深く知っておくことが必要です。ここでは、デモグラフィック分析について見ていきます。デモグラフィック分析は、最新の顧客情報を収集していることが前提です。

(1) デモグラフィック分析とは
　デモグラフィック（人口統計学的）分析は、年齢、性別、職業、住所、家族構成といった定量的な顧客属性に基づいて、顧客をグループ分けする分析手法です。顧客の属性を組み合わせることによって、標的顧客とする顧客層、顧客層が好む商品の選別、顧客層へのプロモーションを行うことができます。
　例えば、書店の来店客のデモグラフィック分析の結果、40〜50代サラリーマンの管理職の来店が多ければ、ビジネス関連書籍の種類を増やすことで売上をアップすることができます。小さな子供と来店する主婦が多ければ、料理に関する書籍、子供の教育に関する書籍、子供向けの絵本、等の品揃えを充実させる必要があります。

(2) デモグラフィック分析の作成手順
　デモグラフィック分析の手順は以下の通りです。性別、年齢、住所を例にとって説明します。

①顧客属性データを整備する

②購入履歴データと顧客属性データを結合する
③性別の売上高を集計する
④年代別の売上高を集計する
⑤住所別の売上高を集計する

図 7-02　年代別売上高

年代層	売上高(円)	売上高構成比(%)	売上高累計(円)	累積売上高構成比(%)	区分
40代	48,234	25.9	48,234	25.9	A
50代	43,592	23.4	91,826	49.3	A
30代	37,175	20.0	129,001	69.3	A
20代	29,781	16.0	158,782	85.3	B
60代以上	15,369	8.3	174,151	93.6	C
10代以下	12,005	6.4	186,156	100.0	C

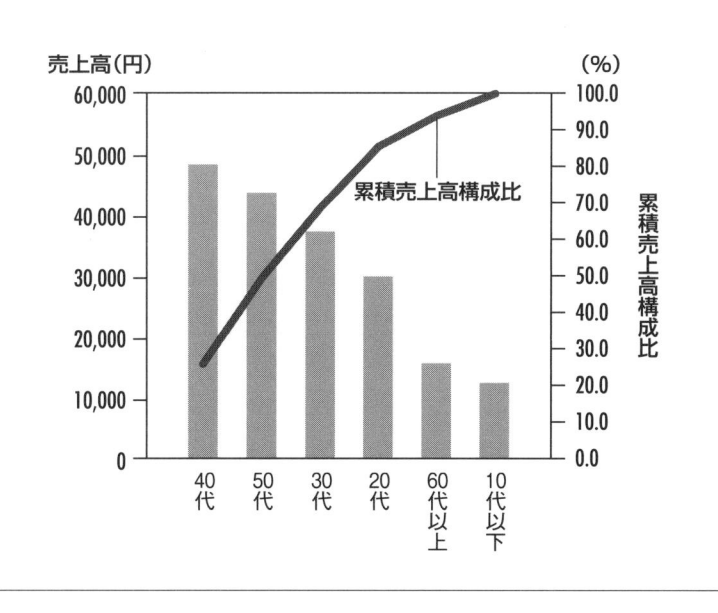

PART 7　顧客分析手法

(3) デモグラフィック分析の応用例

　顧客の購入履歴データと、年代、性別、職業、住所区域などの顧客属性データをクロス集計すると、より具体的な分析結果となります。

　クロス集計とは、与えられたデータのうち、2つ、ないし3つ程度の項目に着目してデータの分析や集計を行うことです。商品を縦軸に、年代層を横軸にしてクロス集計すると、年代層によってどの商品が売れているのかがわかります。

　例えば、商品bは40代で売れているが、商品cは20代で売れているといった結果が出たとします。商品cを40代にも販売強化するならば、どのようなプロモーションをすればよいかを検討します。

　商品と年齢層のクロス集計以外にも、職業と住所のクロス集計、商品と職業のクロス集計、職業と年齢層のクロス集計など、目的に応じて使い分けます。標的顧客を明確にすることが重要です。

図7-03　商品と年代層のクロス集計

単位：円

商品	40代	50代	30代	20代	60代	10代	総計
商品a	18,604	16,786	15,498	12,737	7,982	3,024	74,631
商品b	20,809	15,083	10,319	4,462	3,288	502	54,463
商品c	3,029	2,611	4,980	8,032	1,205	4,682	24,539
商品d	1,498	5,310	1,188	523	1,798	320	10,637
商品e	1,914	1,834	3,627	1,631	242	439	9,687
商品f	441	391	653	1,523	0	2,395	5,403
商品g	722	1,108	320	324	628	98	3,200
商品h	675	186	264	368	42	433	1,968
商品i	340	203	178	97	156	72	1,046
商品j	202	80	148	84	28	40	582
総計	48,234	43,592	37,175	29,781	15,369	12,005	186,156

(4) デモグラフィック分析とサイコグラフィック分析

デモグラフィック分析は、顧客を層別するうえで客観的に行うことができます。しかし、今日のように経済が発展した情報化社会においては、顧客ニーズや価値観が高度化・多様化しています。

例えば、携帯電話が普及し始めた頃、携帯電話会社はデザインで製品を差別化していました。しかし、携帯電話市場が成熟した今日では、音楽が聴ける携帯電話、カメラ機能が優れた携帯電話、スマートフォンなど、顧客のライフスタイルに合わせた複数の品揃えをしています。

単にデモグラフィック分析だけでは、顧客の行動や意識を正確に把握することが困難になっています。そこで価値観やライフスタイル、趣味・嗜好といった定性的なものを定量的（数値）に分析する、サイコグラフィック（心理学的）分析が注目されています。

デモグラフィック分析では「何を買ったか」、サイコグラフィック分析は「なぜ買ったか」によって顧客をグルーピングします。サイコグラフィック分析の基となるデータは、アンケート調査やインタビューなど、主観的な顧客調査を行わなければ入手できません。

顧客の購買行動を理解するためには、あらかじめ仮説を立てたうえで、デモグラフィック分析とサイコグラフィック分析を上手に組み合わせることが重要です。

図 7-04　デモグラフィック変数とサイコグラフィック変数

デモグラフィック変数（人口統計学的変数）	年代層、性別、学歴、職業、ライフステージ、社会階層、地域	客観データ
サイコグラフィック変数（心理学的変数）	パーソナリティ、生活価値観、ライフスタイル、ブランド・ロイヤルティ、興味・関心、製品関与・態度	主観データ

section 3　顧客分析手法

デシル分析

　顧客ABC分析では、顧客層を3つのランクに分けて顧客分析を行いますが、顧客層を10分類したデシル分析を用いることで、より詳細な顧客分析ができます。

(1) デシル分析とは
　デシル分析とは、顧客の購入履歴データをもとに、全顧客を購入金額の多い順に10等分して、各ランク（デシル）の売上高構成比を算出する分析手法です。例えば、集計対象となる顧客数が1,500人だったら、累計売上高の上位1～150位までが「デシル1」、151位～300位までが「デシル2」、というようにグルーピングします。デシルとは、ラテン語で「10等分」という意味です。
　顧客層別の売上高構成比を算出することで、自社の売上に貢献している優良顧客層を把握できるとともに、顧客層別に効果的な販売促進ができます。

(2) デシル分析の手順
　デシル分析の手順は以下の通りです。
①顧客を売上高の多い順に並べ、デシル1からデシル10まで、10等分する
②各デシルの全体売上に占める割合を集計する
③各デシルの顧客1人当たり平均購入金額を集計する。売上高を各デシルの対象人数で割って求める

④各デシルの顧客1人当たり平均来店回数を集計する
⑤各デシルの1回当たり平均購入金額を算出する。平均購入金額を平均来店回数で割って求める

(3) デシル分析のポイント

　ある小売業の1ヵ月間の売上高を参考にデシル分析を行います。デシル1とデシル2の2割の顧客だけで、売上全体の75％以上を占めています。つまり、顧客情報を把握していれば、上位2割の顧客に対して重点的にDMなどの効果的なプロモーションを行うことで、売上全体の75％以上を確保することができるとともに、のべ来店客数の約半分をカバー［(859＋470)÷2,745×100≒48.4％］できます。

　平均来店回数を見ると、デシル1の顧客は22.6回と1〜2日に1回利用しているため、ほとんど毎日か1日置きに来店していることになります。一方で、デシル10の顧客は1.2回と1ヵ月に1回しか来店していません。

図 7-05　デシル分析

順位	顧客数(人)	売上高(円)	売上高構成比(％)	平均購入金額(円)	来店回数(回)	平均来店回数(回)	1回当たり購入金額(円)
デシル1	38	940,252	61.4	24,743	859	22.6	1,095
デシル2	37	218,089	14.2	5,894	470	12.7	464
デシル3	38	125,735	8.2	3,309	392	10.3	321
デシル4	37	85,734	5.6	2,317	272	7.4	315
デシル5	38	56,925	3.7	1,498	232	6.1	245
デシル6	38	39,248	2.6	1,033	177	4.7	222
デシル7	37	27,668	1.8	748	130	3.5	213
デシル8	38	19,026	1.2	501	102	2.7	187
デシル9	37	11,744	0.8	317	67	1.8	175
デシル10	38	6,560	0.4	173	44	1.2	149
合計	376	1,530,981			2,745		

1回当たり購入金額を見ても、デシル1の顧客は平均で1,095円購入しているのに対し、デシル10の顧客は平均で149円しか購入していません。つまり、来店回数の多い顧客ほど1回当たりの購入金額も多いことがわかります。

　留意点は、デシル分析は購入金額だけでランク付けするため、一度だけ高額商品を購入した場合でも、上位顧客に含まれることです。ランキング上位者に一見客が多い場合、誤った判断をしてしまい、一見客にプロモーションを行っても継続的な購買に結びつかない恐れがあります。

　顧客の最新購買日や購買頻度も重視する場合は、より詳細な分析が可能なRFM分析を活用します。

(4) デシル分析の応用例

　一定期間のデシル分析だけでなく、異なる期間のデシル分析の結果を比較すると、より詳細なプロモーションができます。

　前回実施したデシル分析の集計値と、今回実施したデシル分析の集計値からクロス集計表を作成します。集計値は、顧客数、購入金額、販売数などを使います。縦軸に前回実施したデシル、横軸に今回実施したデシルをクロス集計すると、表の右上半分は、購入金額の順位が下がった問題のあるゾーンとなり、顧客ロイヤルティが低下していることがわかります。左下半分は、購入金額の順位が上がった好ましいゾーンとなり、顧客ロイヤルティが向上していることがわかります。

　集計値を顧客数にして、デシル2からデシル3に下降した顧客を対象に、来店を促すDMを送付することで顧客の離反防止に役立ちます。デシル3からデシル2に上昇した顧客に対しては、デシル1になってもらうために、累計購入額が一定金額に達したら、特典を与えるプロモーションを実施することで顧客ロイヤルティが高まります。

図 7-06　デシル比較データ

顧客名	前回デシル	今回デシル	住所	年齢	性別
○○	デシル1	デシル1	…	…	男
△△	デシル2	デシル3	…	…	女
××	デシル4	デシル2	…	…	男
⋮	⋮	⋮	⋮	⋮	⋮

図 7-07　前回集計値と今回集計値のクロス集計(顧客数)

					今回						
	デシル	1	2	3	4	5	6	7	8	9	10	総計
前回	1	35	2	1								38
	2	3	31	1	2							37
	3		1	32	2	1	2					38
	4		1	2	33	1						37
	5		2			32		3	1			38
	6			2		2	31		1	1	1	38
	7				1	1		33		2		37
	8				1	2	1		30		4	38
	9					2			4	30	1	37
	10								2	4	32	38
	総計	38	37	38	37	38	38	37	38	37	38	376

問題となるゾーン

好ましいゾーン

PART 7　顧客分析手法

section 4 顧客分析手法
RFM分析

　1回の購買金額は少ないけれど購買頻度が高い、たまにしか購買しないけど一度に大量に購買してくれる、というように顧客によって購買行動が異なります。RFM分析では、顧客の購買行動に合わせて顧客層ごとにスコアリング（指標化）することで顧客ロイヤルティを把握し、販売促進策を講じることで顧客ロイヤルティを高めます。

(1) RFM分析とは

　RFM分析とは、顧客の実際の購買行動に基づいて、最新購買日（Recency）、購買頻度（Frequency）、購買金額（Monetary）に着目して、顧客をいくつかの顧客層に分類し、それぞれの顧客層に対してマーケティング活動を行う手法です。

　一般的には、R・F・M値の指標をそれぞれ5段階で評価します。つまり、5×5×5＝125のグループに分類することができます。最も高いランクの555は、R値「5」、F値「5」、M値「5」のことを表します。R・F・M値ともに「1」の、ランク111は最も低いランクとなります。顧客をいくつのグループに分類するかによって、3段階（27グループ）、7段階（343グループ）などで分類することがあります。

　最新購買日とは、顧客が最後に商品を購入した日のことです。自動車や住宅などといった購買頻度が低い商品・サービスを除くと、一般的には最近購入した顧客のほうが、しばらく来店しない顧客よりも再来店の可能性が高いため、ロイヤルティの高い顧客と考えます。最新購買日が直近ほどR値は高くなります。

購買頻度とは、一定期間における顧客の累計購買回数のことです。購買頻度が高い顧客ほど、自社に対するロイヤルティが高い顧客のため、F値は高くなります。ただし、新規の顧客はF値が低くなることもあります。

　購買金額とは、一定期間における顧客の累計購買金額のことです。購買金額が多いほど、自社に対するロイヤルティの高い顧客のため、M値は高くなります。

　顧客ABC分析やデシル分析では購買金額が基準となるため、M値の高い顧客ほど優良顧客となります。しかし、過去の顧客の購買履歴を分析するRFM分析ではR値を最も重視します。F値やM値が高くてもR値が低い場合は、直近に購買実績がないため、既に競合他社へ流出している可能性があるからです。また、ロイヤルティが高い顧客でも、新規顧客の場合は購買金額が累積するまでに時間がかかります。M値単独ではなく、R値やF値との組み合わせで把握することが重要です。

(2) RFM分析の手順

　RFM分析の手順は以下の通りです。

①顧客の購買履歴データから、顧客番号と最新購買日を抽出し、日付順（降順）に並べる
②データ全体を均等に5分割し、日付の新しいグループから順に、Rランク「5」「4」「3」「2」「1」を付与する。「1」のグループは、最新購買日が一番古いグループ
③同じように、顧客番号と累計購買回数を抽出し、多い順（降順）に並べる
④データ全体を均等に5分割し、購買回数の多いグループから順に、Fランク「5」「4」「3」「2」「1」を付与する
⑤顧客番号と累計購買金額を抽出し、多い順（降順）に並べる

図 7-08　RFM分析

会員番号	顧客氏名	性別	生年月日	年齢	最新購買日	購買頻度	購買金額	R値	F値	M値
10001	A	男	1967/3/15	43	2009/4/5	3	52,500	1	3	5
10002	B	女	1983/8/26	27	2010/5/2	2	31,500	4	2	4
10003	C	男	1977/6/3	33	2010/1/19	1	25,200	3	1	3
10004	D	男	1978/10/26	31	2010/5/7	5	41,200	5	5	5
10005	E	男	1955/10/1	54	2009/10/9	3	9,450	2	3	1
10006	F	女	1968/4/3	42	2010/2/14	2	10,500	3	2	2
10007	G	男	1988/12/14	21	2008/2/7	1	8,400	1	1	1
10008	H	男	1975/11/9	34	2010/5/5	4	15,750	5	4	2
10009	I	女	1962/3/22	48	2009/12/24	4	26,250	2	4	3
10010	J	男	1986/4/1	24	2010/3/25	6	38,760	4	5	4

⑥データ全体を均等に5分割し、購買金額の多いグループから順に、Mランク「5」「4」「3」「2」「1」を付与する
⑦顧客属性情報と、作成したRランク・Fランク・Mランクの情報をマッピングする

(3) RFM分析のポイント

　RFM分析を行う目的は、再購買の可能性を判断し、購買行動が類似した顧客層ごとに、異なるアクションを起こして再購買を誘発させることです。例えば、R値とF値の組み合わせによって、どのようなプロモーションを行うべきかを示すことができます。

(4) RFM分析の応用例

　RFM分析の応用版として、FRAT分析があります。FRAT分析とは、購買頻度（Frequency）、最新購買日（Recency）、購買金額（Amount）、購買商品（Type）の各データを組み合わせて購買行動を分析する手法です。

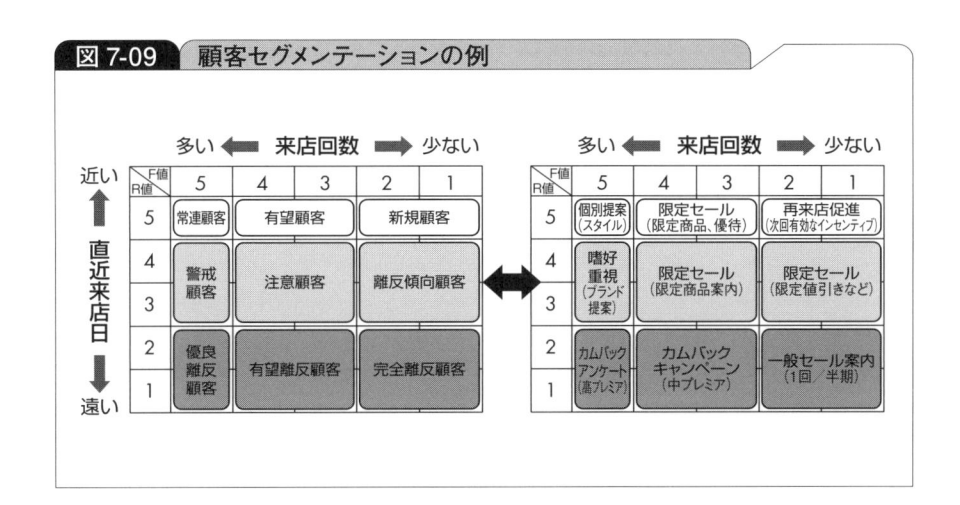

図 7-09　顧客セグメンテーションの例

	F値\R値	5	4	3	2	1
近い ↑ 直近来店日 ↓ 遠い	5	常連顧客	有望顧客		新規顧客	
	4	警戒顧客	注意顧客		離反傾向顧客	
	3					
	2	優良離反顧客	有望離反顧客		完全離反顧客	
	1					

	F値\R値	5	4	3	2	1
	5	個別提案(スタイル)	限定セール(限定商品、優待)		再来店促進(次回有効なインセンティブ)	
	4	嗜好重視(ブランド提案)	限定セール(限定商品案内)		限定セール(限定値引きなど)	
	3					
	2	カムバックアンケート(高プレミア)	カムバックキャンペーン(中プレミア)		一般セール案内(1回/半期)	
	1					

　顧客セグメンテーションを、最新購買日、購買頻度、購買金額で分析する点は同じですが、FRAT分析では、RFM分析で「過去に何を購入したか」という商品戦略上のデータが欠落している点を補完しています。ただし、情報量が膨大となるため分析が複雑になるうえ、情報量が不足していると購買傾向が正しく把握できなくなる恐れがあります。

　購買商品を活用している例として、Amazonがあります。Amazonで書籍を購入すると、過去に購入した書籍、購入した書籍と関連する本、過去に同じ書籍を購入した人が買った他の書籍の紹介、といった情報がホームページに表示されます。

section 1　顧客識別マーケティングの目的
section 2　顧客識別マーケティングの経済性
section 3　高度な差別化政策
section 4　顧客カテゴリー・マネジメント

PART 8

顧客識別マーケティング

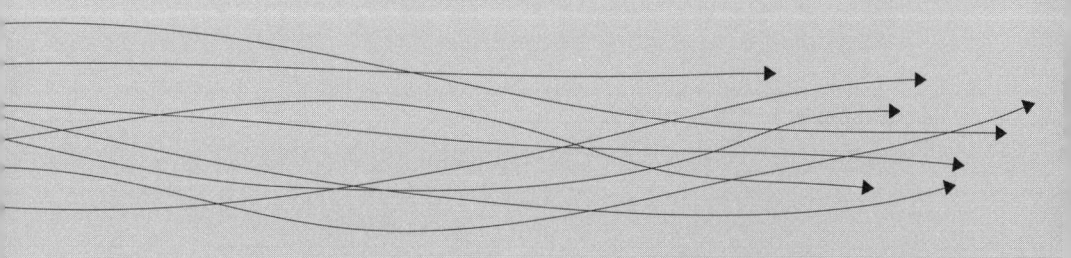

優良顧客は利益をもたらし、
価格戦略における
差別化を図ることができる。
顧客識別マーケティングの
重要性について認識する。

section 1 　顧客識別マーケティング

顧客識別マーケティングの目的

　ロイヤルティ・マーケティングを追求すると、顧客識別マーケティングに至ります。すべての顧客に対する平等かつ画一的なサービスは、自社に多くの利益をもたらしてくれる顧客にとって、不平不満を生み出す要因になります。ターゲットの顧客をマスとして捉えるのではなく、顧客ごとに「個客」として対応していくことが、他社との競争優位性を確保する重要な手段となります。

(1) 顧客識別マーケティングとは

　顧客識別マーケティング（CSM：Customer Specific Marketing）とは、自社への貢献度に応じて顧客を選別し、顧客ごとに異なる価格・特典を提供して最大の利益を上げるマーケティング手法です。顧客は一人ひとり異なるというのが「顧客差別化」の発想の原点です。顧客識別マーケティングは、ロイヤルティ・マーケティングの究極の姿といってもよいでしょう。

　代表例として、航空会社のマイレージプログラムが挙げられます。あらかじめ路線距離に応じてマイル（ポイント）を設定し、搭乗時のクラスによって加算率を決定します。搭乗回数が多かったり、上位クラスに搭乗したりする得意客ほどマイルが多く貯まる仕組みです。また、自社の航空会社を利用してもらうために、関連会社や提携会社で搭乗、宿泊、飲食、買い物などをした場合でもマイルが加算されるサービスを提供しています。マイレージプログラムの参加者は、貯めたマイルに応じて無料航空券や上位クラスへのアップグレード搭乗、提携会社へのポイント

図 8-01　マイレージプログラムの例

出典：ANAホームページ

交換などの特典を受けることができます。

顧客識別マーケティングは、特定多数の顧客一人ひとりの「顧客シェア」に応じて、顧客を差別化することが真の平等であるとの考えに基づいています。

(2) 顧客は同一ではない

顧客の購買行動は一人ひとり異なります。頻繁に来店する顧客がいれば、一度しか来店しない顧客もいます。高利益の商品を購入する顧客もいれば、広告を見て特売品しか購入しない顧客もいます。常連客と一見客では、どちらが自社に利益をもたらしてくれるのでしょうか。高利益商品を購入する顧客と特売品しか買わない顧客では、どちらが自社に利益をもたらしてくれるのでしょうか。

マス・マーケティングでは、販促費をすべての顧客に均一にかけることが特徴です。常連客にも一見客にも平等に対応します。しかし、たまたま広告を見なかったために割引セールを逃してしまった常連客や、割引セールを知らないのに偶然通りかかって特売品を安く購入することができた一見客がいます。常連客が割引セールの恩恵を受けられず、次回

来店するかどうかわからない一見客が恩恵を受けることは、真の意味で平等といえるのでしょうか。一見客には通常価格で販売し、日頃から売上や利益に貢献している常連客に対しては割引率を大きくした特別感謝セールをはがきで通知していればどうでしょうか。特別の顧客として扱ってくれることで常連客のロイヤルティはさらに高まり、長期的な売上や利益に貢献してもらうことができます。適切な時期に特別感謝セールの通知を行っていれば、万が一、常連客が通知を見逃したり来店できなくても納得してもらえるはずです。

　均一価格・均一対応することは、経済的でないばかりか、店の競争力を弱めてしまいます。つまり、顧客識別マーケティングでは、異なる顧客に対して一律に対応するのではなく、自社への貢献度に応じた対応が求められます。

(3) 顧客への見返り

　人間は提供される見返りの大きさが直接的な動機となり、行動に反映されます。顧客は見返りが多ければ多いほど、多く見返りを受けようと積極的に行動します。

　航空会社のマイレージプログラムを例に考えてみます。マイレージ・カードを利用する人の多くは、参加している航空会社のマイレージをできるだけ多く獲得したいと考えます。そのため、出張や旅行では他社の航空会社をなるべく使わないようになります。また、マイレージ・カードを提示するだけで、利用額のポイントが貯まる提携会社のレンタカーやホテル、レストランなどを利用するようになり、マイレージ・カードを使える店で買い物を済ませます。支払いは、クレジットカード会社と提携して発行したカードを使って決済します。顧客は無料航空券やアップグレード権などの特典を得るために、マイレージの獲得行動を熱心に行います。

(4) 顧客の差別化

　差別化の意味するところは、すべての顧客に無差別に見返りを与えるのではなく、特別な人だけに特定なものを与えて顧客ロイヤルティを得ることです。つまり、顧客のロイヤルティに応じて、均一価格から顧客別価格へのシフトを進めることが必要です。

　POSシステムとポイントカードシステムを導入している企業は多いですが、単にこれらのシステムを導入すれば利益改善につながるわけではありません。ポイントカードシステムを販売促進手段の一つとして位置付け、企業全体の核となる戦略に据えていないと顧客の差別化ができず、失敗に終わることがあります。

　顧客識別マーケティングを成功させるためには、既存のマーケティング活動の補足ではなく、顧客情報の収集に経営資源を集中させることが重要です。これによって正しい意思決定が可能となり、顧客の差別化が図れます。

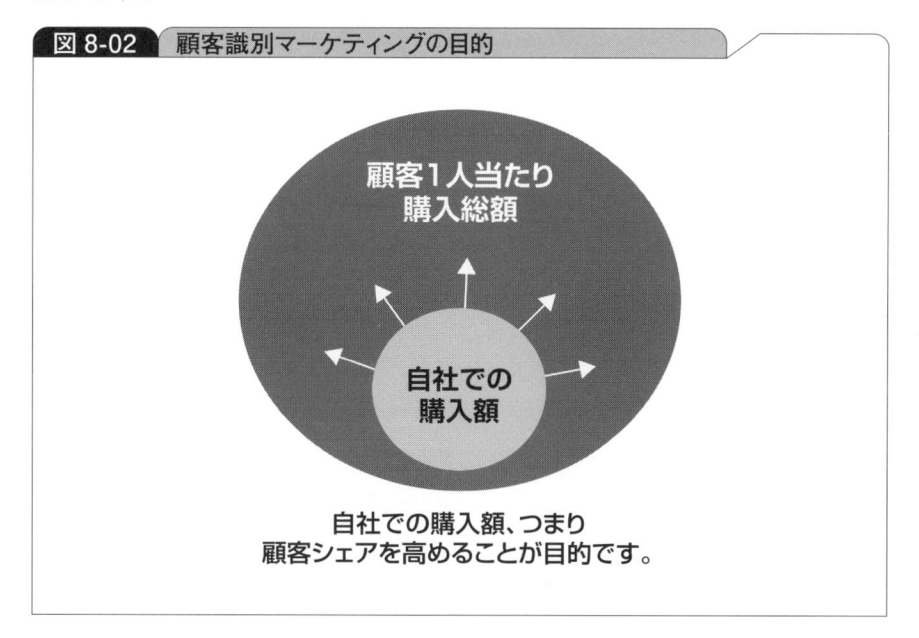

図 8-02　顧客識別マーケティングの目的

顧客1人当たり購入総額

自社での購入額

自社での購入額、つまり顧客シェアを高めることが目的です。

section 2　顧客識別マーケティング

顧客識別マーケティングの経済性

　顧客識別マーケティングでは、なぜ顧客ロイヤルティを重視するのでしょうか。それは、顧客を差別化することに経済性があるからです。ロイヤルティを持って頻繁に来店し、たくさんお金を使ってくれる顧客ほど、企業にとっては経済性が高いのです。ここでは、経済性の視点から顧客識別マーケティングを解説します。

(1) 変動費と固定費

　コスト（費用）は、固定費と変動費に区分することができます。固定費とは電話の基本料金のように「売上に関係なく一定に発生する費用」をいい、人件費や店舗維持費などが該当します。一方、変動費とは電話の通話料のように「売上に比例して発生する費用」をいい、仕入商品の原価などが該当します。

```
利益 ＝ 売上高 － 費用
利益 ＝ 売上高 －（変動費 ＋ 固定費）
```

　固定費に着目すると、1回の購入額が大きい顧客であっても少ない顧客であっても、顧客1人の販売に費やすコストや時間はほとんど変わりません。つまり、1回の購入額が大きくなればなるほど固定費が多くの商品に分散されて、1品目当たりの固定費が小さくなり、その結果、利益が増加します。

(2) 経済性が高い顧客とは

1回の買い物で、同一商品を10個購入した顧客と2個購入した顧客を比較します。商品1個当たり500円で仕入れて1,000円で販売し、人件費やレジ処理コストを1回当たり200円と仮定すると、売上と利益の関係は、次のようになります。

1回当たり購入額	大きい	少ない
数量	10個	2個
販売単価	1,000円	1,000円
売上高（販売単価×数量）	10,000円	2,000円
仕入単価	500円	500円
仕入高（仕入単価×数量）	5,000円	1,000円
1回当たり固定費	200円	200円
コスト計（仕入高＋固定費）	5,200円	1,200円
利益（売上高－コスト計）	4,800円	800円

今回のケースでは、同一商品を10個購入した顧客の売上が10,000円、利益が4,800円です。一方、2個購入した顧客の売上が2,000円、利益が800円です。同一商品でも、1回で10個購入した顧客の利益が2個購入した顧客の6倍になります。たくさん購入する顧客ほど、企業にとって経済性が高い顧客といえます。

したがって、経済性の高い顧客を増やすには、一度に多くの買物をしてくれる顧客を増やしていくことが重要です。

(3) 優良顧客は経済性が高い顧客

粗利益高を売上高で除した利益率のことを粗利益率といいます。同一価格で販売されていても仕入価格は同一とは限らず、商品によって粗利益率は異なります。したがって、顧客が購入する時は粗利益率の高い商品や低い商品を組み合わせることになります。

1回当たりの購入額が多い顧客ほど、粗利益率は高くなります。購入

額が多ければ多いほど、高利益商品の購入比率が増えるからです。定番品や特売品を購入しても、購入額全体に占める割合は相対的に小さくなります。

　一般的に優良顧客は1回当たりの購入額が多いため、1回当たり購入額が少ない顧客との購入総額の差に加えて、粗利益率も高い顧客であるといえます。

　顧客の購入総額と顧客が購入した個々の商品の平均単価には、相関関係が見られます。食品小売店での購入額が上位2割に入る顧客の平均商品単価は、最下位の2割の顧客よりも20～35％ほど高いという調査結果があります。つまり、優良顧客は購入総額が多いだけでなく、1回当たりの購入額や平均購入単価も高く、経済性が高い顧客なのです。

(4) 利益改善の方向性

　顧客識別マーケティングの利益改善の方向性は、以下の3つのアプローチが考えられます。

①利益に貢献しない顧客に低利益商品や原価割れの商品を販売しない

　　販売条件として、1回の購入額に最低限度を設けて1回当たりの購買金額を増やしたり、広告に載せる原価割れ商品のアイテム数を大幅に減らしたりすることで、1回当たりの固定費を減らします。

②購入総額に応じた価格設定を行う

　　商品別の価格設定よりも、購入総額に応じた価格設定に力を入れます。一律の特売価格を少なくし、顧客の購買行動に応じた特売価格を設定します。

③最優良顧客に思い切った低価格で提供する

　　最優良顧客には思い切った低価格で提供し、エゴノミック（自我）を満足させる特典を組み合わせます。なお、特別な顧客に特典を告知するには、郵便を使います。

このようなアプローチを行うことで、低収益または原価割れ顧客に効果的に価格を転嫁するとともに、高収益の顧客に対する価格を効果的に下げることができます。

　短期的には、価格志向の顧客が価格の安い競合他社に流出することもあります。しかし、低収益または原価割れ顧客から得た利益を顧客に還元することでロイヤルティが高い顧客は、さらに購入してくれるようになります。購入額の多い顧客に思い切った低価格で販売する経営方針が周囲に知られるようになると、購入額が多い競合他社の顧客が見返りを求めて流入してきます。長期的には、流入顧客が競合店に流出した顧客の損失分を補うとともに、継続的な収益をもたらしてくれます。

　顧客識別マーケティングは、顧客ロイヤルティを重視する点でCRMと一緒ですが、顧客を差別化するために経済性を重視していることが特徴です。収益性やロイヤルティが低い顧客に対して低価格での提供や特典をなくすとともに、収益性やロイヤルティが高い優良顧客に対する価格と特典との組み合わせにより、利益の最大化を図る必要があります。

図 8-03　顧客識別マーケティングによる利益改善のポイント

①利益に貢献しない顧客に低利益商品や原価割れ商品を販売しない
②購入総額に応じた価格設定を行う
③最優良顧客に思い切った低価格で提供する

section 3 　顧客識別マーケティング

高度な差別化政策

　利益の改善は、顧客一人ひとりの販売条件を差別化することによって行われます。優良顧客にはよい条件で販売し、他の顧客には少し条件を下げて販売するなど、顧客ごとに販売条件を変えることで利益を生み出します。

(1) 差別化のための価格戦略

　顧客の差別化の第一段階は、会員カードを持っている顧客全員に対し、買い物の際に割引や特典を設定することです。多くの大手家電量販店が実施しているポイントサービスなどが該当します。実質的にカード会員と非会員との間で二重価格が設定されます。カード会員ではない顧客は、割引や特典を受けられませんが、カード会員になっていれば、購買金額の多寡にかかわらず一律の条件を提示していることになります。顧客差別化の第一段階での最大のメリットは、顧客情報を得られることにあります。

　会員カードの入会方式には、入会金が必要な有料会員と、誰でも登録すれば入会できる無料会員があります。有料会員については、たまにしか使わない顧客はお金を払って入会しようと考えないため、優良顧客とそうでない顧客とを判別することができます。ただし、多数の顧客が有料会員になるメリットがないと判断すると、新規に入会する顧客が少なくなるため、顧客情報が得られなくなる可能性があります。ある程度購入することで入会金を回収できるメリットがある、といった明示が必要です。

第二段階では、カード会員との関係の重要度に応じて、買い物の際に割引や特典を設定することです。この段階では大きな利益を生むことができます。理由は、広告や特売などのマーケティング・コストが、顧客から生む収益に応じて配分されるからです。これにより、マーケティング活動の投資回収が改善されます。

(2) 高度な差別化の方法

　第二段階の差別化として、次の3つの方法があります。
①累計購入額が一定の基準に達すると特典を与える
②1回の購入金額が一定基準を満たすと特典を与える
③特典を顧客の購入額に比例させる

　第一に、一定の基準に基づいて達成した時点で、特典が獲得できる仕組みを作ります。小売店やサービス業では広く使われています。例えば、顧客の累計購入額が10万円に達したら、ギフト券をプレゼントするといった具合に、累計購入額が20万円、30万円に達した場合など、段階的に特典を設定する方法があります。
　第二に、1回の購入額が3,000円以上のときにポイントが発生したり、割引を受けたりすることができるなど、1回当たりの購入額を増やす仕組みを作る方法です。顧客がもう少しで達成して得することがわかれば、特典を受けようとして購入金額が上がることが期待できます。
　第三に、顧客の購入額が増えると、それに伴って特典も増えていく仕組みを作ります。一定基準に到達した時点で得られる特典に比べて高度な差別化戦略です。例えば、顧客ごとの半年間における累計購入額が10万円以上なら対象額の2%、20万円以上なら対象額の3%というようにボーナスポイントを付加します。購入額に比例した特典設定は、コスト効率のいい方法で競合他社から顧客を獲得するとともに、自社で多く

購入してもらうインセンティブを付与することで、優良顧客を囲い込むことにあります。

(3) 差別化を行う場合の留意点

　差別化を行う場合、特典に上限を設けて効果を台無しにしないように留意する必要があります。例えば、顧客の累計購入額が10万円に達したらギフト券をプレゼントする、という特典を設けます。しかし、上限を10万円に設定したため、20万円に達しても30万円に達しても、ギフト券がもらえないケースです。

　特典に上限を設けると、顧客は上限に達した時点でロイヤルティを持たなくなり、競合他社に流出する恐れがあります。10万円以上購入してギフト券を受け取った時点で、他社商品を購入して別の見返りを受けるほうが得だと考えるからです。そうなると、高い収益をもたらしてくれる優良顧客が流出するため、大きなコストをかけて新しい顧客を次々に増やしていかなければなりません。したがって、特典の上限設定は避けるべきです。

(4) 高度な差別化の企業例

　カジュアルウェアやアウトドア用品を中心に製造・販売しているE社では、入会金や年会費が無料のＶＩＰポイントカードを発行しています。メンバーになると、利用額に応じたポイント以外にも4つの特典がついてきます。

＜特典１＞年間の合計購入額に応じたクーポン券の発行

　ポイント集計を年１回（１月末）行い、獲得500ポイントごとに500円分のクーポン券が３月中旬に送付されます。ポイントは100円ごとに加算されます。

＜特典２＞年間の合計購入額に応じた獲得ポイントのアップ

　例えば、年間の購入額が３万円の顧客は、100円につき２ポイントとなるため、600ポイント獲得します。また、年間の購入額が10万円の顧客は、100円につき６ポイントとなり、6,000ポイント獲得します。500ポイント未満は切り捨てとなりますが、購入すればするほど、ポイント還元率がアップします。

＜特典３＞１回のまとめ買いでボーナスポイントを付与

　１回の購入額が３万円を超えた場合は、ボーナスポイントとして300ポイントをプラスします。例えば、１回の購入金額が９万円の場合、ベースポイントに900ポイントが加算されます。

＜特典４＞年間の合計購入額が５万円以上でランクアップ

　年間の合計購入額が５万円以上でプレミアＶＩＰになります。オリジナルギフトのプレゼントや、割引特典つきのバースデーカードの送付など、１年間にわたって数々の特典がついてきます。

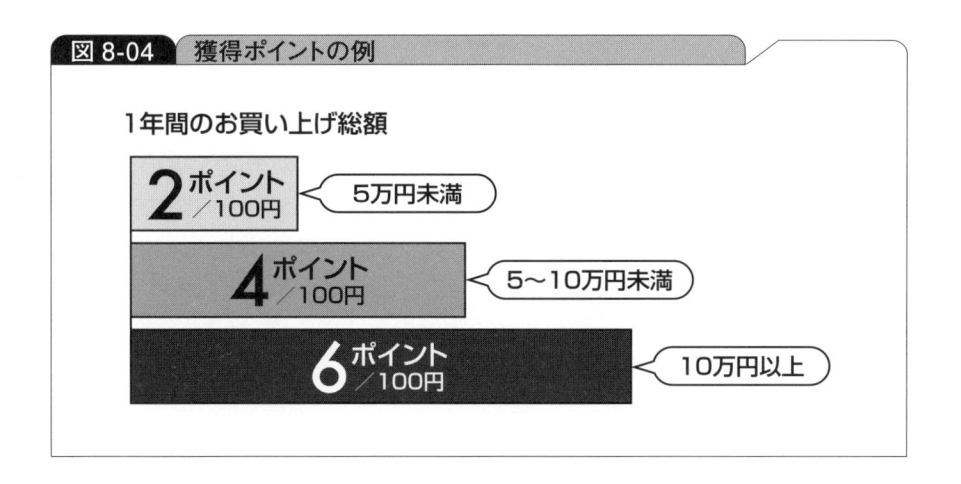

図 8-04　獲得ポイントの例

１年間のお買い上げ総額

- ２ポイント／100円　←　５万円未満
- ４ポイント／100円　←　５〜10万円未満
- ６ポイント／100円　←　10万円以上

section 4 　顧客識別マーケティング

顧客カテゴリー・マネジメント

　優良顧客が必要とする商品・サービスを提供すれば、収益増加を図ることができます。顧客識別マーケティングの導入に際し、組織の管理体制を商品カテゴリー中心に編成するのではなく、顧客カテゴリー（顧客セグメント）中心に編成する必要があります。

(1) 商品カテゴリー・マネジメントとは

　商品カテゴリー・マネジメントは、一般的に「カテゴリー・マネジメント」と呼ばれているもので、商品を単品ごとではなく、顧客の価値や機能といった観点を商品カテゴリーとして区分し、商品カテゴリー別に販売管理するマネジメント手法のことです。

　例えば、カレーライスを食べたい顧客のシーンに合わせて、カレーの材料であるカレールウ、じゃがいも、ニンジン、玉ネギ、肉、米、福神漬けなどを一緒に陳列します。青果部門・精肉部門・調味料部門といった商品部門に関係なく、顧客ニーズに合わせた商品構成を「カテゴリー」として捉えていることが特徴です。

　カテゴリーごとに関連する商品を陳列することで、顧客の想起購買を促進するとともに、関心や興味を持たせることで衝動購買を促進することができ、買上点数が増えることによる売上の増加が期待できます。自社内で取り扱う商品群をカテゴリー単位で管理する責任者として、カテゴリー・マネジャーを置きます。

(2) 顧客カテゴリー・マネジメントとは

　顧客カテゴリー・マネジメントは、商品カテゴリー・マネジメントに顧客識別マーケティングの発想を取り入れた考え方です。スーパーマーケットの場合、食料品家計支出に占める優良顧客の食料品購入金額と、カテゴリー単位の家計支出に占める購買金額を比較し、カテゴリーの強弱を判定します。優良顧客が、カテゴリー内のどのアイテムをよく購入しているかなど、品揃え判断に用いることができます。

　ある食品スーパーの店長が、ラーメンの陳列に着目しました。ラーメンの陳列スペースが広いために店舗内の売上高が高かったのですが、陳列スペースが適切なのかどうか検討しました。顧客データベースからカテゴリー別・商品別の販売動向を詳細に分析した結果、主要購入客層が下位から中位顧客で、優良顧客が売上にほとんど貢献していないことが判明しました。この場合、ラーメンの陳列スペースを縮小し、空いた陳列スペースを優良顧客が多く購入している別の商品に再配分することで、店舗全体の売上高を増加することができます。

　商品カテゴリー・マネジメントでは、すべての顧客を一律に管理するのに対し、顧客カテゴリー・マネジメントでは、顧客をランク付けしてランクごとに管理する点で異なります。つまり、顧客カテゴリー・マネジメントは、優良顧客の維持・育成のための商品カテゴリー・マネジメントといえます。

(3) 顧客カテゴリー・マネジメントの優位性

　顧客カテゴリー・マネジメントでは、責任者として顧客カテゴリー・マネジャーを置きます。一般的な商品カテゴリー・マネジャーは、商品の最適化に責任を持ちますが、顧客カテゴリー・マネジャーは、顧客の最適化に責任を持ちます。短期的には、カテゴリー内における顧客の貢献利益の改善を目指し、長期的には顧客生涯価値の増大を図ることが目

標です。

　顧客カテゴリー・マネジャーが、商品カテゴリー・マネジャーに対して持っている優位点として、顧客と直接対応する立場にいることが挙げられます。顧客カテゴリー・マネジャーは、担当する顧客カテゴリーの行動と収益プロフィールをつかむことができますので、顧客の行動に合わせた特典の組み合わせを継続的に展開することで、職務上の目標達成につながる方向に誘導できます。

　顧客カテゴリー・マネジャーは、商品の優先順位の設定が容易なことも優位点です。つまり、商品を誰が購入しているのかを基準にして設定することができます。

　顧客管理は商品管理に置き替わるのではなく、商品管理と統合されなければいけません。顧客カテゴリー・マネジャーが、商品カテゴリー・マネジャーとマトリックスな関係を構築することが望ましいといえます。

(4) 顧客カテゴリーの分類方法

　顧客を管理するには、顧客をセグメントする必要があります。

---

①プラチナ会員：購入額が3万円以上の顧客
②ゴールド会員：購入額が5,000円以上3万円未満の顧客
③シルバー会員：購入額が5,000円未満の顧客
④ブロンズ会員：新規顧客

　顧客カテゴリーは、顧客を購入額という経済的要素に基づいて分類します。例えば、顧客カテゴリーを上記のように1カ月当たりの平均購入額で区分します。ただし、経済要素で分類したそれぞれのカテゴリーの中では、年齢・性別・年収などのデモグラフィック要因や前回来店から

の期間、来店頻度といった要因を併用し、必要に応じてサブ・カテゴリーを設けることもあります。

　ブロンズ会員は、対象となる期間中に新規会員になった顧客のことで、次回のカテゴリーの設定時に、それぞれの購買実績に応じて３つのカテゴリーに分類します。

　プラチナ会員のカテゴリーを担当するマネジャーは、プラチナ会員のランクをいかに長く維持するかによって評価が決まります。ゴールド会員やシルバー会員のカテゴリーを担当するマネジャーは、担当顧客をプラチナ会員、ゴールド会員という上位にランクアップした数で評価が決まります。ブロンズ会員のカテゴリーを担当するマネジャーは、開拓した新規会員の数で評価されるのではなく、黒字顧客の新規顧客をどれだけ固定客として定着させたかで評価が決まります。

section 1　FSPとは
section 2　FSPの必要性
section 3　FSPのねらい
section 4　FSP運用の流れ
section 5　会員特典の種類

PART 9

FSP

FPSとは優良顧客の維持と
拡大を図るマーケティング手法である。
FSPの基本と運用方法を理解する。

section 1　FSP

FSPとは

　FSP（フリークエント・ショッパーズ・プログラム）は優良顧客固定化策といわれ、ロイヤルティ・マーケティングを展開するための重要な施策の一つです。スーパーマーケットや家電量販店で買物をするとき、飛行機に搭乗するとき、会員カードにポイントやマイレージが付与されます。みなさんも「せっかくポイントやマイレージが貯まり始めたので、次もこの店を利用しよう」と思うことがあるでしょう。
　本sectionでは、顧客をつなぎとめ、維持するFSPについて見ていきます。

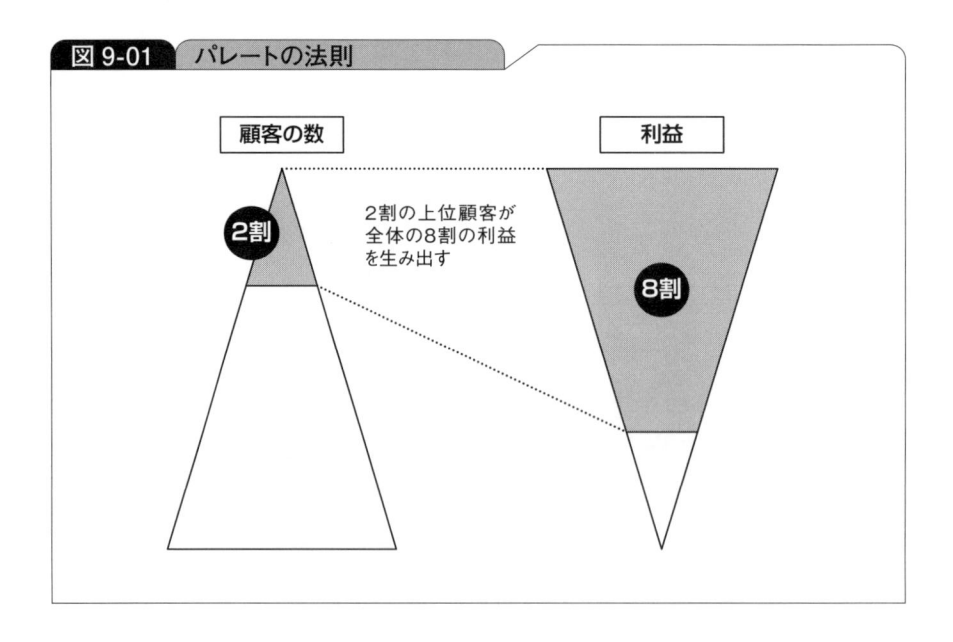

図9-01　パレートの法則

顧客の数　2割
利益　8割

2割の上位顧客が全体の8割の利益を生み出す

(1) FSPとは

　FSPとは、来店頻度や購入金額の高い顧客と、そうでない顧客を選別し、特典やサービスに差をつけることで既存顧客のロイヤルティを高め、顧客を囲い込むプログラムです。

　小売業では、「パレートの法則」に基づいて、2割のロイヤルティの高い上位顧客を選別し、囲い込むことを目的として、FSPが導入されています。既に説明したように、「パレートの法則」は、別名2：8の法則ともいわれ、2割の上位顧客が全体の8割の利益を生み出す法則のことです。一般的に、新規顧客獲得のコストに比べ、既存顧客の維持コストは小さいため、既存顧客を維持していくことは経営的に大変重要です。

(2) フリークエント・ショッパーとチェリーピッカー

　フリークエント・ショッパーとは、多頻度来店顧客のことで、チェリーピッカーとは、特売のときだけ来店する顧客のことです。

　小売店は、特売日の設定だけで顧客を集めていると、この日だけを狙って来店するチェリーピッカーが増えてしまいます。当然、特売日は粗利益率が低いので、売上の割には利益が出ません。

　そのため、小売店はフリークエント・ショッパーをよい顧客とみなして大切にし、来店頻度や購入頻度に応じて特典を与えるケースが増えてきました。フリークエント・ショッパーだけにメリットを与えることで顧客の固定化が図れ、利益に貢献しないチェリーピッカーとの差別化を図ります。

　しかし、チェリーピッカーを軽視してよいわけではありません。特売日に来店したチェリーピッカーを、フリークエント・ショッパーに変える仕組みが必要です。

(3) FFPとFTP

　FFPとは、フリークエント・フライヤーズ・プログラムの頭文字で、日本ではマイレージサービスとして知られています。アメリカン航空のFFPが最初といわれています。プログラムの会員になった顧客には、飛行機への搭乗に際してマイレージ（ポイント）が付与され、マイレージに応じて無料チケットや座席のアップグレードなどの特典を与えられます。

　FFPはすべての顧客を平等に扱わず、利用頻度の高い顧客と、たまたま利用した顧客に特典の差をつけることで、多頻度顧客の維持を図るプログラムです。この仕組みを小売業に応用したのが、FSPです。

　FTPとは、フリークエント・トラベラーズ・プログラムの頭文字で、主にホテル利用者のプログラムです。FFPと基本的な仕組みは同じです。宿泊やレストランの利用に応じてポイントが付与され、無料チケットや部屋のアップグレードサービスと交換できます。

図 9-02　フリークエント・プログラムの種類

小売業界	来店や商品購入に応じてポイントが付与される
フリークエント・ショッパーズ・プログラム（FSP）	
航空業界	飛行機への搭乗に際してマイレージ（ポイント）が付与される
フリークエント・フライヤーズ・プログラム（FFP）	
ホテル業界	宿泊やレストランの利用に応じてポイントが付与される
フリークエント・トラベラーズ・プログラム（FTP）	

(4) FSPとポイントカードの違い

　FSPの目的は、すべての顧客の中から選別した優良顧客に特別な特典プログラムを与え、長期的に良好な関係を維持することです。ポイントカードは、販促方法の一つとして実施されることが多く、売上の増加を目的としています。

　さらに、FSPは優良顧客とそうでない顧客とで、特典に差をつけるのに対し、ポイントカードはすべての顧客に平等にポイントを付与します。

　提供される特典は、ポイントカードは商品購入時に「割引」として使用できるポイントですが、FSPは、他店との差別化を図るため、内容は多様化しており、顧客のグレードによっても異なります。

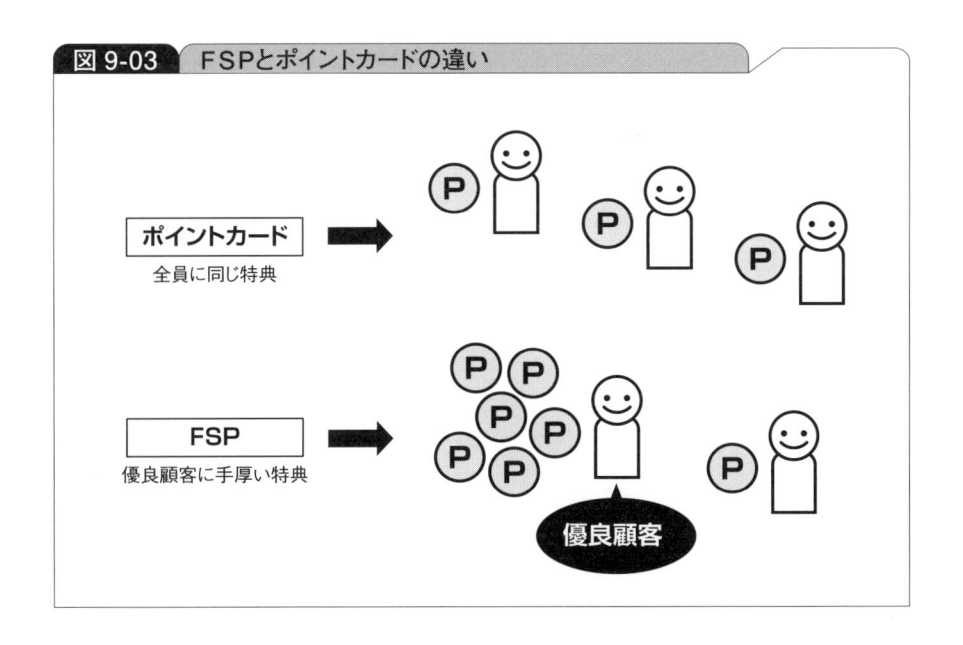

図 9-03　FSPとポイントカードの違い

ポイントカード → 全員に同じ特典

FSP → 優良顧客に手厚い特典　優良顧客

section 2　FSP

FSPの必要性

　ＦＳＰは、前sectionで顧客の維持のために必要な施策であることがわかりました。しかし、ＦＳＰを行うにはそれなりのコストがかかります。コストをかけてまでＦＳＰを行う理由は何でしょうか？　本sectionでは、ＦＳＰの必要性について考察します。

(1) 小売業のメリット

　固定客が、いつまでも固定客とは限りません。放っておけば新規顧客の大半が離脱していくでしょう。前sectionの「上位2割の優良顧客が店舗全体の8割の利益をもたらす」というパレートの法則の通り、優良顧客が離反したり、他店に流出したりすると、小売業の収益に大きな影響を及ぼします。コストをかけてでもＦＳＰを実施し、優良顧客をつなぎとめておかなければなりません。

　小売業は、自店の上位2割の顧客を知り尽くし、どのような特典を提供すれば離脱せず優良顧客でいてもらえるのかを検討することが大切です。ＦＳＰの特性を理解し、顧客一人ひとりが満足できるＦＳＰを構築します。

(2) メーカーのメリット

　メーカーは、小売店とのタイアップ・プロモーションが可能になります。ＦＳＰにより、顧客を属性や購入実績でセグメントし、メーカーのターゲットとする顧客にプロモーションをかけることで、効率的に販促できます。

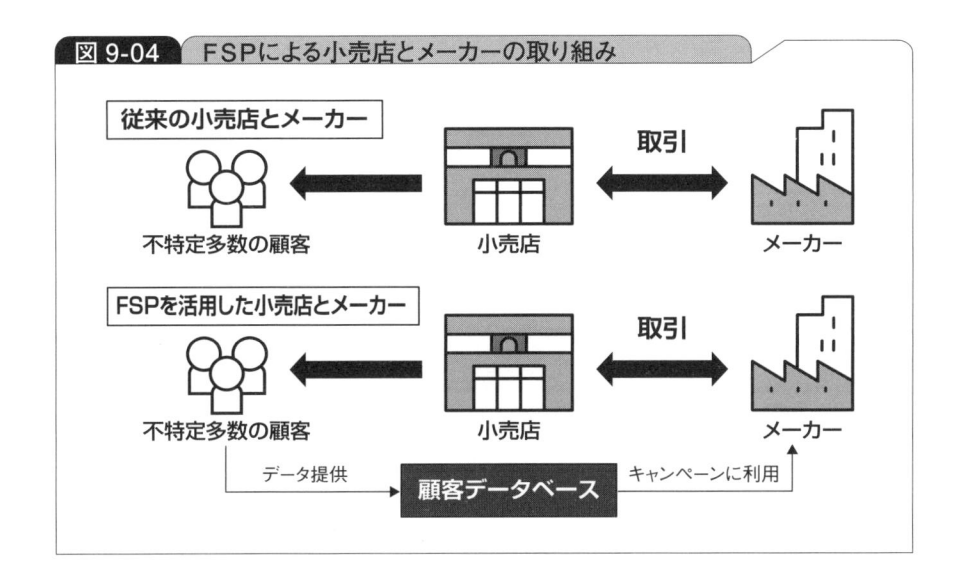

図 9-04　FSPによる小売店とメーカーの取り組み

従来の小売店とメーカー
不特定多数の顧客 ← 小売店 ←取引→ メーカー

FSPを活用した小売店とメーカー
不特定多数の顧客 ← 小売店 ←取引→ メーカー
データ提供 → 顧客データベース ← キャンペーンに利用

　タイアップ・プロモーションを実施しているスーパーマーケットでレシートを受け取ると、レシートに顧客の好みやニーズに合った商品の割引券が印字されていることがあります。メーカーは、顧客データベースを活用し、「この顧客の商品購入傾向からすると、この商品を提案すれば購入するはずだ」といったように、ターゲットとなる顧客に特典を提供することで、効率的な販促を行っているのです。

(3) 消費者のメリット

　優良顧客は、店から「特別扱い」を受けることができます。購入実績が高まり、顧客グレードが上がるほど、提供される特典もよくなります。
　消費者は、同じ店で購入することで、自分の購入傾向をつかんだ小売店側が、ニーズに合う商品や新たな価値を提供してくれることに気づき、店へのロイヤルティが生まれます。顧客が喜ぶのは価格だけではありません。商品やサービスの付加価値以外に、販売員との良好な人間関係も顧客が価値を感じる要素の一つです。

(4) FSPの導入例

　新潟県佐渡市にある食品スーパーのフレッシュ・マツヤは、社員がITに管理されないシステムを作ることを基本方針に掲げ、FSPシステムを構築しました。POSデータを顧客データに組み入れ、FSPを活用したポイントカードを発行しています。

　顧客の購買履歴を収集し、購入金額や利用頻度に応じて顧客を選別しました。セグメント別にサービスや特典を変えて、優良顧客の囲い込みを図っています。販促経費を優良顧客に傾斜配分することで、販促費を効率よく使うことができ、優良顧客の客単価が向上しました。

　顧客データを活用して、メーカーとのFSPのタイアップができるようになりました。自社開発のPOS分析ソフトを用いて、バイヤーの商品企画も積極的にサポートしています。

　全従業員が自社開発の多機能端末を使って、発注、棚卸、棚札要求、

図 9-05　フレッシュ・マツヤの概要

株式会社フレッシュ・マツヤ

Enjoy Life... FRESH マツヤ

- 所在地：新潟県佐渡市
- 資本金：5,000万円
- 従業員数：147人
- 取扱商品は、生鮮食品が60％

POS分析のためのデータ収集などができるようになり、業務効率も向上しました。

　北海道苫小牧市にある弁当販売の「甚べい」は、顧客の購入履歴のほか、嫌いな食べ物や健康で気をつけていることなども顧客情報として蓄積しています。POSによるポイントカードの情報を顧客情報と結合し、定期的にデータ分析を行い、優良顧客には、お礼のはがきを送ったり、誕生日にプレゼントを贈ったり、来店の際に顧客の名前で声をかける、などの「特別扱い」を実践しています（北海道経済産業局『北海道IT利活用成功事例集』を参考）。

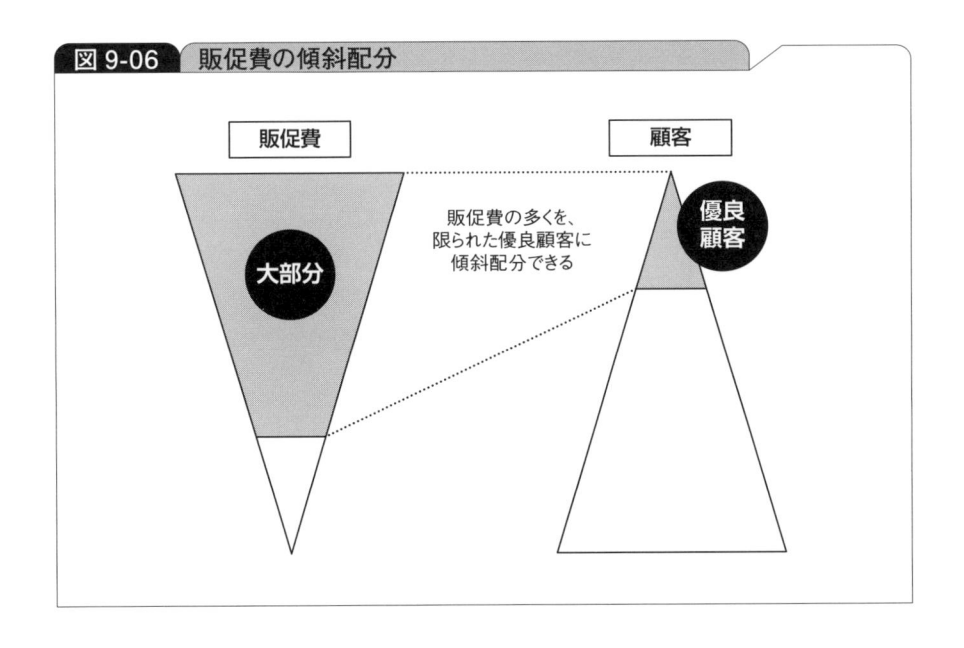

図9-06　販促費の傾斜配分

販促費の多くを、限られた優良顧客に傾斜配分できる

section 3 　FSP

FSPのねらい

　FSPを導入するねらいは、既存顧客の維持と固定客化です。顧客を会員とすることで、顧客データを収集し、データから読み取れる顧客のニーズに対応していくことができます。顧客の来店頻度や購入金額を高める効果も期待できます。

(1) FSPの目的
①優良顧客の維持

　FSPの目的は、優良顧客の維持です。小売業に利益をもたらす顧客は、特売に釣られて来店した一度限りの顧客ではなく、多頻度購入実績

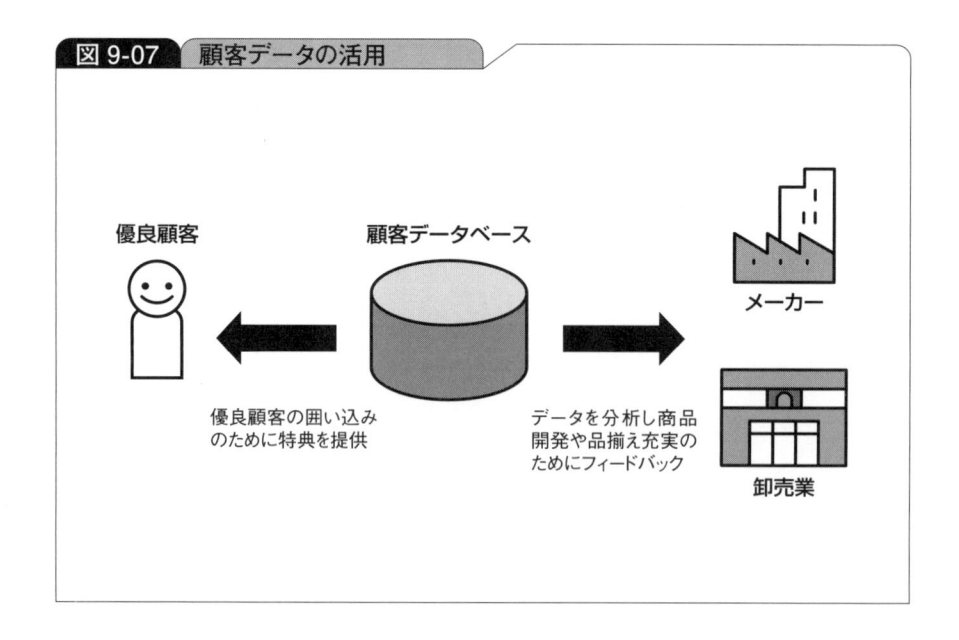

図 9-07　顧客データの活用

優良顧客　　　顧客データベース　　　　メーカー

優良顧客の囲い込み　　　データを分析し商品
のために特典を提供　　　開発や品揃え充実の
　　　　　　　　　　　　ためにフィードバック

卸売業

のある優良顧客です。この顧客を囲い込んでつなぎとめておく手段の一つがＦＳＰなのです。

②顧客データの活用

ＦＳＰを展開する中で、顧客データを入手できます。蓄積された顧客データを整理し、顧客の属性や購入実績を分析した結果を、品揃えや店舗運営、卸売業やメーカーにフィードバックできます。

(2) 顧客の固定化

新規の顧客を集めるには、既存の顧客を維持するよりもコストがかかります。既存顧客を維持するためには、顧客満足度を高めることが効果的な方法です。長期的な顧客との関係性を保つためにＦＳＰを採用し、ロイヤルティを保持し続けてもらいます。

成熟した市場では顧客シェアの維持が必要です。例えば携帯電話会社は、多くの回線を契約している家庭を家族割引で優遇し、長期契約している顧客には基本料金を値下げしています。顧客が他社に乗り換える可能性を排除し、ロイヤルティを持つ顧客の顧客生涯価値を増大させることができます。

顧客生涯価値とは、顧客ライフサイクルを通じて、顧客が企業にもたらした価値の総計です。価値とは、顧客を獲得維持するためのコストと購入額との差額です。

(3) 顧客データの収集

顧客データとは、ＦＳＰを実施することで得られる顧客の属性データ、購入履歴データのことです。

①購入金額の多い顧客は誰か
②顧客が、一定期間にどの商品をどれくらい購入しているか
③顧客である期間はどのくらいか

図 9-08　顧客データから明らかになる項目

- 顧客が一定期間にどの商品をどれくらい購入しているか？
- 購入金額の多い顧客は誰か？
- 顧客である期間はどのくらいか？
- 上位20%の顧客で売上高の何%を占めているか？

顧客データベース → データ抽出

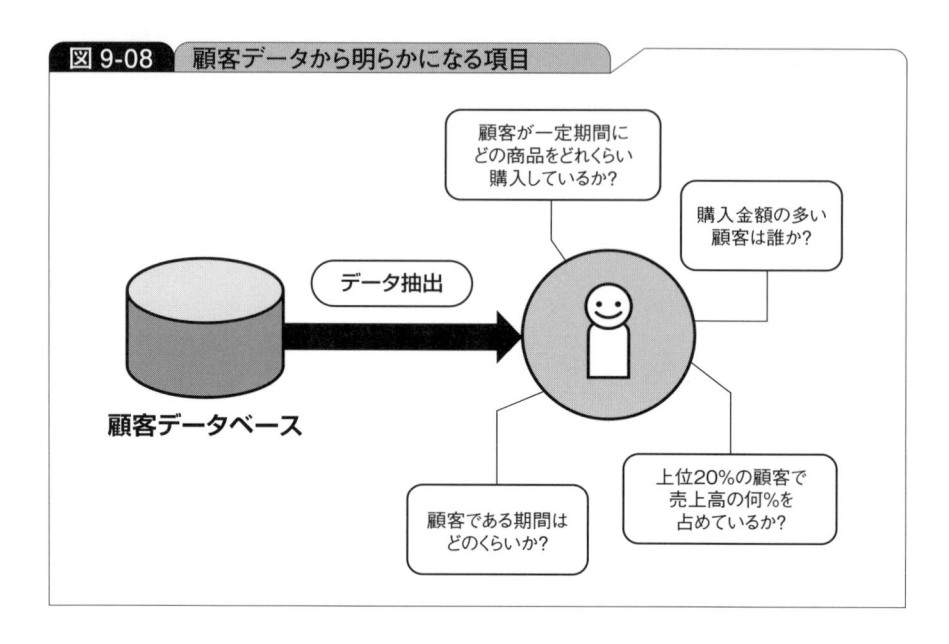

④上位20%の顧客で売上高の何%を占めているか

　顧客データを収集・分析すると、すべての顧客を平等に扱う必要がないことがわかります。特売商品だけを買っているチェリーピッカーを重視することなく、特売商品とは違う商品をよく購入する顧客や、推奨商品を購入する顧客を重点的に固定化させます。
　分析した顧客データを活用することによって、売上と利益の向上を図ることができます。

(4) 優良顧客の選出
　新規顧客を固定客に進化させたら、その中から優良顧客になり得る顧客を選出します。来店頻度や購入金額をもとに顧客をグループ化し、優良顧客の候補となるグループを抽出します。
　グループ化の基準が細かすぎると母数が小さいため、効果は小さくな

図9-09　優良顧客選出の留意点

- 基準がおおまかすぎると、対象となる顧客のターゲットがぼやける
- 基準が細かすぎると、対象となる顧客数が少なくなり、効果が下がる

顧客データベース → データ抽出

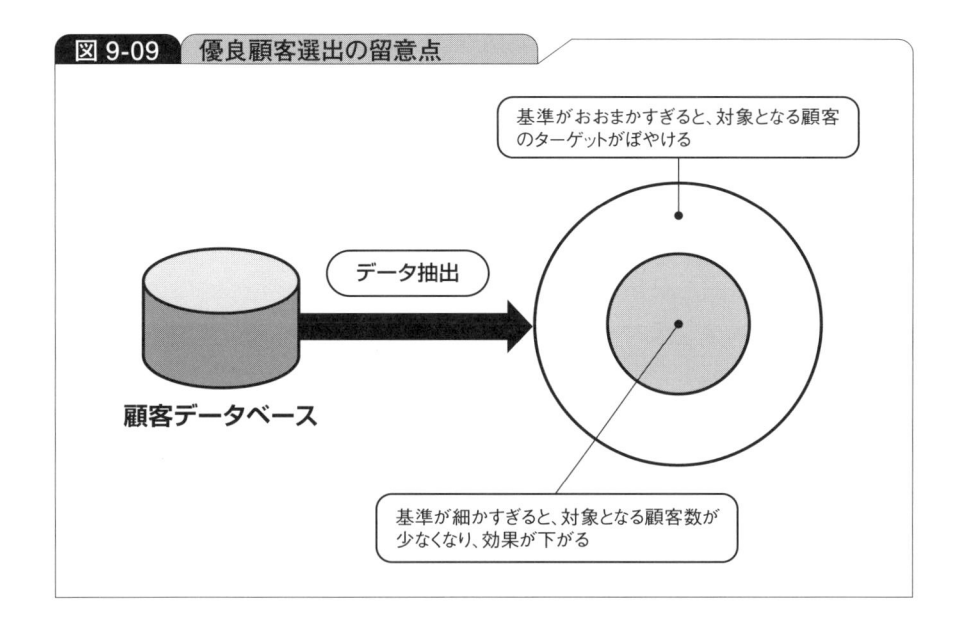

ります。逆に大きすぎてもターゲットがぼやけるため、効果が薄れてしまいます。

　顧客一人ひとりにも、多様な側面があります。来店頻度は多いにもかかわらず購入金額が少ない顧客や、季節によって購入頻度が上下する顧客もいます。一人の顧客が複数のグループに属することができる仕組みにしておくことも大切です。

　優良顧客にグルーピングされた顧客でも、来店頻度や購入金額が低下することがあります。定期的に顧客データを更新し、優良顧客が誰かを把握しておかなければなりません。

section 4　FSP

FSP運用の流れ

　ＦＳＰを運用するには、前提として多くの顧客に会員として登録してもらわなければなりません。獲得した多くの会員から優良顧客を選び出し、特典を提供してロイヤルティを高めさせることも大切ですが、そこから得られた顧客データを分析し、次の戦略立案に活かすこともＦＳＰの重要な目的です。

(1) 会員募集
　ＦＳＰを導入している小売業は数多く、新規に会員を募集する場合には、同業他社と差別化したＦＳＰを訴求しなければなりません。会員に

図 9-10　個人情報保護法の義務規定の対象となる事業者

　５千件を超える個人情報をコンピュータなどを用いて検索することができるよう体系的に構成した「個人情報データベース等」を事業活動に利用している事業者が義務規定の対象となります。

　「個人情報データベース等」には、コンピュータ処理情報のほか、紙の情報（マニュアル処理情報）であっても、個人情報を五十音順、生年月日順、勤務部署順など一定の方式によって整理し、目次、索引等を付して容易に検索できる状態に置いてあるものも含まれます。

　事業に利用している５千件の数には、たとえば、事業を実施する上で必要となる顧客の情報、従業員の情報等が含まれます。

　　　　　　　　　　　消費者庁ホームページ　「よくある質問」より

なることで具体的にどのような特典が受けられ、その特典がいかに素晴らしいかを伝えます。シンプルでわかりやすい内容にし、顧客がひと目で特典を理解できるようにします。告知の手段として、店内の目立つ場所にポスターを貼り、チラシやダイレクトメールを送付します。店内で顧客に声をかけることも効果的です。

　さらに、入会方法が簡単なことも重要です。顧客がわかりやすい場所に受付カウンターを設置し、案内係を配置します。カウンターには、目立つように記入例を提示し、顧客に煩雑さを感じさせないようにします。顧客が記入する項目は、データ分析に必要な最低限に絞ります。項目が多いと、顧客が途中で記入をやめてしまうからです。

　顧客は、個人情報を記入することに抵抗感を感じることがあります。「個人情報の保護に関する法律」に則って、個人情報を適切に取り扱うことも明記します。

(2) 会員カードの発行

　獲得した会員には、会員カードを発行します。会員になったその日から購入実績が計上され、特典の対象となるのが理想です。後日有効のカードでは、顧客は当日の購入意欲が減退してしまいます。クレジット機能付き会員カードの場合、使用できるようになるまで、審査などで日数がかかります。仮カードで対応することで、顧客を待たせないよう工夫します。

　ポイントや購入実績は、レシートや端末機などで会員がいつでも確認できるようにします。

　最近は、非接触型ＩＣを搭載したカードや携帯電話の機能の一つである「おサイフケータイ」を利用するケースも増えています。

図 9-11　会員カードの種類

比較項目	プラスチック型	リライト型	携帯ポイント
わかりやすさ	店頭に行かないとポイント情報がわからない場合が多い	ポイント情報がわかりやすい	情報をとるにはアクセスする必要がある
顧客にとっての印象	どこでも実施しているので新鮮味がない	どこでも実施しているので新鮮味がない	入会や操作がわずらわしい
入会のハードル	申込書を書くのがわずらわしい	申込書を書くのがわずらわしい	携帯電話を提示するのに抵抗がある

(3) 顧客データの分析

　ＦＳＰを導入する目的の一つは、顧客データの入手です。顧客データには、顧客の住所、氏名、生年月日、職業などの個人情報や、購入履歴データがあります。入手した顧客データを分析して、マーケティング戦略や販促プロモーションに活用します。

　顧客データは利用しやすいように、以下の要因をもとに分類します。
①住所、年齢、性別、職業などの顧客属性
②購入回数や累積購入金額などの実績
③購入した商品や時期などの購入内容

　住所や職業は変化することもあるため、会員カードの更新などで、定期的にデータを更新しなければなりません。

　購入回数や累積購入金額などの実績により顧客データを分類するときは、主にＲＦＭ分析を利用します。ＲＦＭとはR（Recency）、F

図 9-12　RFM分析

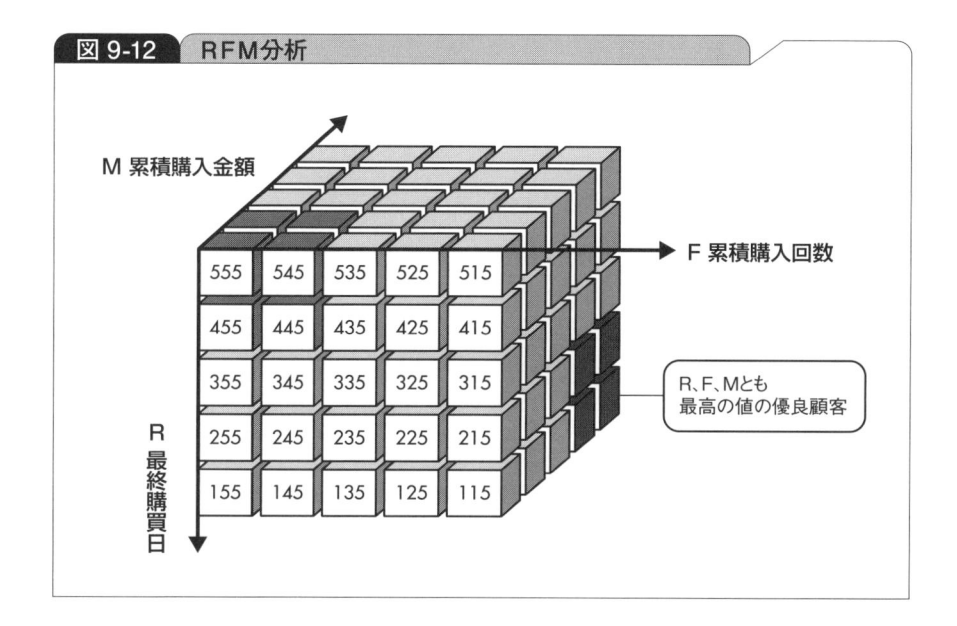

M 累積購入金額
F 累積購入回数
R 最終購買日

R、F、Mとも最高の値の優良顧客

（Frequency）、M（Monetary）のことで、Rは最近の購入実績、Fはこれまでの購入頻度、Mはこれまでの購入金額のことです。

購入した商品や時期で分類するときは、時期と商品の関連性や、購入回数の多い曜日などの傾向を見つけることが大切です（PART 7参照）。

(4) 顧客データの活用事例

①顧客属性データをもとにアプローチ

　コンビニエンスストアで、生活習慣病予防に効果のある飲料のクーポン券を40歳以上の男性のみに配布することで、効率のいいプロモーションを展開できます。

②購入実績データをもとにアプローチ

　パソコンを新規に購入した顧客に、プリンタの特別価格キャンペーンのお知らせを送ります。

section 5 　FSP
会員特典の種類

　FSPでは、いかに魅力的な特典を会員に提供できるかが成否を分けるといっても過言ではありません。現在では、さまざまな業界でFSPが用いられ、複数の業界を横断した大掛かりなFSPもあります。

　本sectionでは、価格に関する特典やスーパーマーケットでの代表的な会員特典について見ていきます。

(1) 価格主導型特典

　代表的な会員特典に、「会員価格での販売」があります。FSP会員だけが特別に安い価格で購入できるものです。特別扱いされることで顧客満足度が高まることや、多頻度購入のきっかけになります。もともと利益率の高い独自の商品を特別価格にすることで、店全体の利益率を圧迫することなく実施できるメリットもあります。

　しかし、顧客の欲しい商品に会員価格の設定がされていない場合は、会員であることのモチベーションを低下させる要因になります。会員の購入傾向を分析し、会員価格とする商品を選定することが大切です。

(2) 非価格主導型特典

　FSPには、低価格競争を避けながらも顧客満足度を高める目的もあります。顧客は常に低価格を望んでいるとは限りません。家電製品では保証期間の延長や、衣料品では購入後もサイズが合わない場合のすそ上げをするなど、アフターサービスを充実させることも、会員特典として効果があります。

ホテルでは会員専用のラウンジやフロントを用意するなど、価格設定のないサービスを提供することもあります。

(3) ポイント・キャッシュバック

　ポイント・キャッシュバックは、最もポピュラーな会員特典です。貯めたポイントを代金の一部に充てられることは、顧客に説明不要で、特典の価値もわかりやすいのがメリットです。ポイントを貯めるのはゲーム的な要素も強く、再来店の動機にもなります。ポイント付与率の変更で、キャンペーンを打つこともできます。

　しかし、ポイントは店側にとっては固定費となり、一度付与したポイントを有効期限前に勝手に無効にすることはできません。ポイント付与率を高めたキャンペーンに頼りがちになる恐れもあります。

　一定金額を購入した会員のみにポイントを付与したり、特定の商品購入時にポイント付与率を高めたりすることも多くなっています。

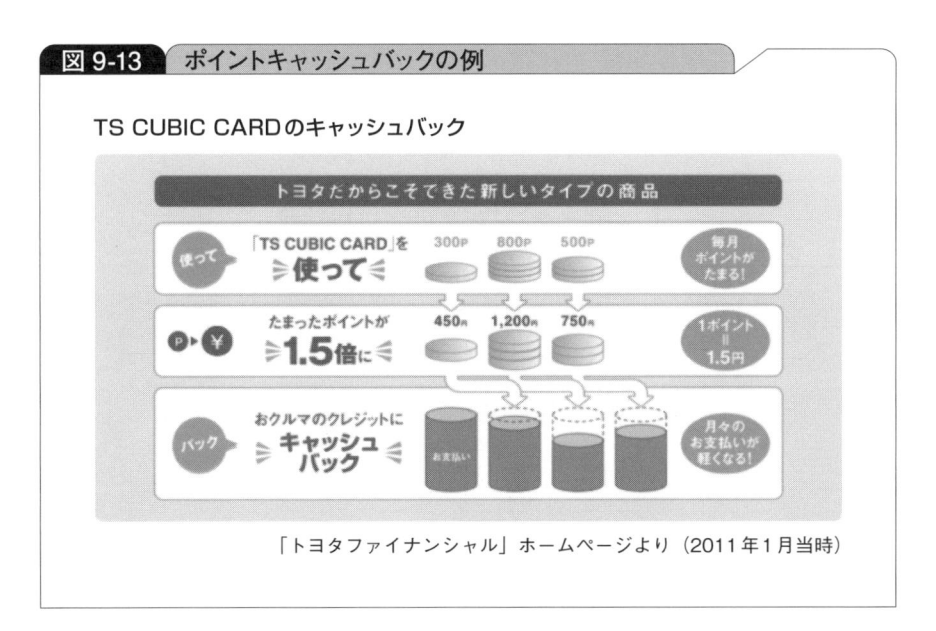

図 9-13　ポイントキャッシュバックの例

TS CUBIC CARDのキャッシュバック

トヨタだからこそできた新しいタイプの商品

使って	「TS CUBIC CARD」を **使って**	300P　800P　500P	毎月ポイントがたまる！
P▶¥	たまったポイントが **1.5倍に**	450円　1,200円　750円	1ポイント＝1.5円
バック	おクルマのクレジットに **キャッシュバック**	お支払い	月々のお支払いが軽くなる！

「トヨタファイナンシャル」ホームページより（2011年1月当時）

(4) スーパーマーケットの会員特典の例
①標的顧客だけにアプローチする
　スーパーマーケットの食料品売場で、ビールの購入履歴のある顧客のみに新商品の試飲缶ビールを提供し、割引券を発行することで、効率的なチラシ配布によるコストの削減や顧客満足度の向上が期待できます。
②他店の動向を調査する
　ライバル店の特売日に、ライバル店付近の顧客の増減を住所から推測します。逆に、自店の特売日にライバル店付近の顧客をどのくらい呼び込めたかを調査できます。
③優良顧客を選別する
　購入商品の実績から、特売日に特売品以外の商品を購入した顧客を特定することで、チェリーピッカーを排除できます。優良顧客には、特別な特典を提供します。

図9-14　標的顧客だけにサンプル・割引クーポンを提供

会員カードの提示で購買履歴を確認しビールのサンプルを提供

ビールの購入履歴のある顧客

ビールの購入履歴のない顧客

会計時に会員カードでビールの購買履歴を読み取り、レシートに割引クーポンを印字する

④顧客によって特典を変える

　前年の累積購入金額に応じて、ポイント付与率などの特典を変更します。対象となった会員は、来年も同じ特典をもらうために、前年同様の購入実績が期待できます。新規の会員は、有利な条件の会員に選出してもらうために、購入実績を増やそうとする効果があります。

　イトーヨーカドーで利用できるアイワイカードは、購入金額に応じたポイント付与に加え、カード提示で毎月特定の日に5％の割引があります。さらに、累計ポイント対象金額に応じて、ボーナスポイントが付与されます。2011年4月現在で、ボーナスポイントは100万円達成で3,000ポイント、150万円達成で10,000ポイント、150万円からは100万円達成ごとに10,000ポイントです。ポイントは、購入代金に充当できるほか、ANAのマイルなどに交換できます。

図 9-15　イオンゴールドカード

●購買履歴など、一定の条件をクリアするとゴールドカードを持つ権利が得られる

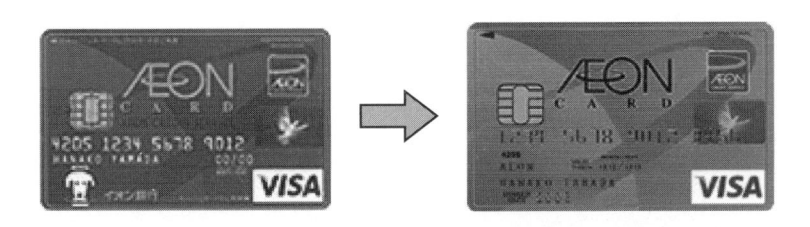

旅行傷害保険やショッピングセフティ保険が無料になったり、イオンラウンジや空港ラウンジが利用できる

「イオンファイナンシャルサービス　暮らしのマネーサイト」ホームページより

section 1 　顧客創造とは
section 2 　新規顧客と既存顧客
section 3 　見込み客の発見
section 4 　再来店率の向上
section 5 　ワン・トゥ・ワン・マーケティングの実践

PART 10

顧客創造

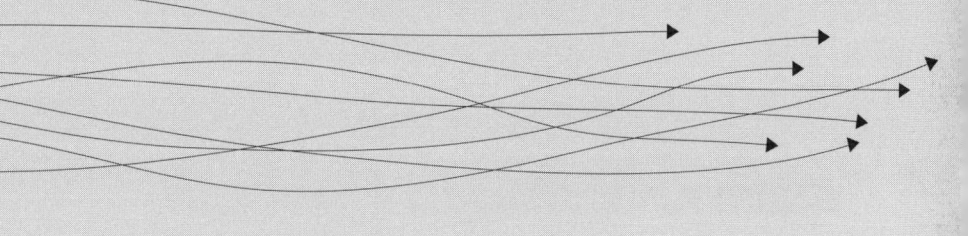

顧客の存在が企業の発展を支えている。
顧客創造のために新しい市場を創ること、
新しい顧客を固定化することを理解する。

section 1　顧客創造

顧客創造とは

　ロイヤルティ・マーケティングは、既存顧客を中心に展開されますが、企業にとっては「新規顧客の創造」は不可欠です。

　顧客を増やすにはどうしたらよいでしょうか。既存の顧客と同じような属性の顧客を獲得していく戦略もありますが、競合他社との激しい争奪戦は避けられないでしょう。本sectionでは、顧客にこれまでにない価値を提供し、新たな市場を創り上げる顧客創造について見ていきましょう。

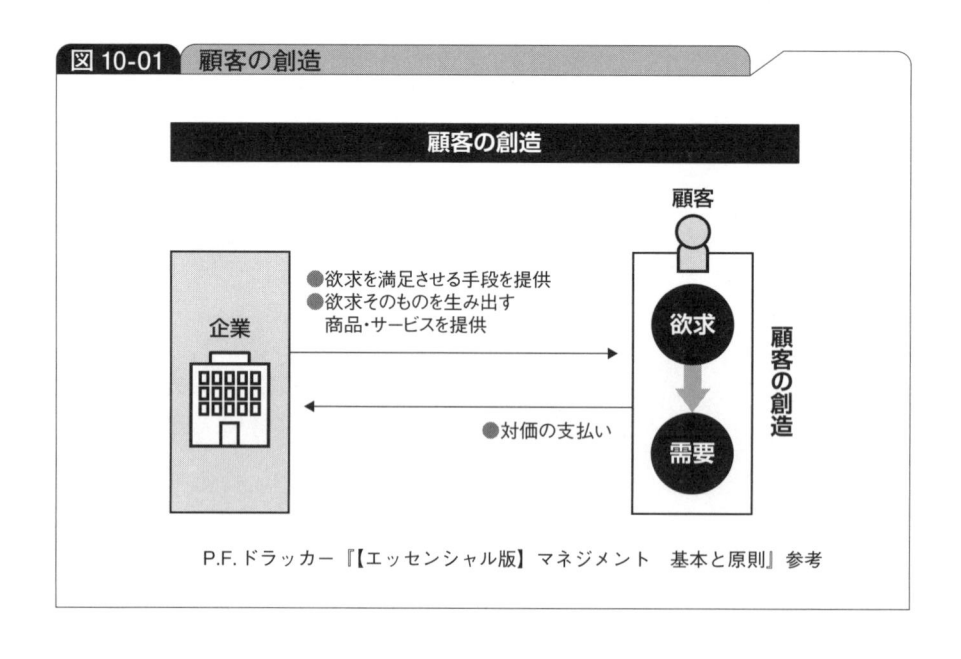

図 10-01　顧客の創造

顧客の創造

企業
- 欲求を満足させる手段を提供
- 欲求そのものを生み出す商品・サービスを提供

顧客
- 欲求
- 需要

顧客の創造

- 対価の支払い

P.F.ドラッカー『【エッセンシャル版】マネジメント　基本と原則』参考

(1) 顧客の創造とは

　ドラッカーは著書『マネジメント』の中で、「顧客こそ企業の基盤であり、企業を存続させる。顧客だけが職場を与えてくれる。消費者が欠乏し、または必要とするものを供給するためにこそ、社会は富を生む資源を企業に委託するのである」と述べています。顧客が商品に価値を見出し、購入することによって、企業は存在意義を与えられます。当然のことですが、顧客が存在しなければ、企業は存在できないのです。

　さらに、ドラッカーは「事業の目的として有効な定義はただ一つである。それは、顧客を創造することである」とも述べています。顧客創造とは、企業の使命なのです。顧客を創造するには、マーケティングとイノベーションに取り組まなければなりません。マーケティングとは、顧客の欲するものを見極め、売れる仕組みを作ることであり、イノベーションとは、従来と違った満足感を顧客に与えるために革新を行うことです。顧客の創造とは、イノベーションにより、これまでにない価値を持った商品を投入し、マーケティングによって新規の市場を構築することです。

(2) 顧客創造と顧客開発の違い

　顧客創造が、新規の市場を開拓するのに対し、顧客開発は、自社の商品のよさをアピールしながら、既存市場の中から新規の顧客を獲得していくことです。

　企業がいかに努力しても、離脱する顧客はいます。顧客創造によって、新規の顧客を獲得していかなければ、企業は衰退してしまいます。マーケティングとイノベーションで新たな価値を提供することで、新たな市場を創り出すことができます。

(3) 顧客創造戦略の種類

　以下は、顧客創造の主な戦略です。

①効用戦略

　商品そのものの価値を販売するのではなく、購入した顧客が得られる効用を販売する戦略です。

　花王の「ヘルシア緑茶」は、カテキンを多く含んだ「お茶」ではなく、健康飲料として販売しました。顧客は一服するお茶ではなく、健康増進に効果があるという価値を認識することができました。「健康」の２文字が顧客ニーズにマッチして成功したのです。

②価格戦略

　価格競争には、高価格戦略と低価格戦略があります。高価格戦略は、商品の高付加価値を理解してもらうために、あえて高額な価格設定で販売することです。主に、高級車や高級ファッションブランドなどが採用する戦略です。

　高級品が低価格だと、顧客は「期待している品質性能が十分に備わっていないのではないか」と不安になります。その商品を持っていること

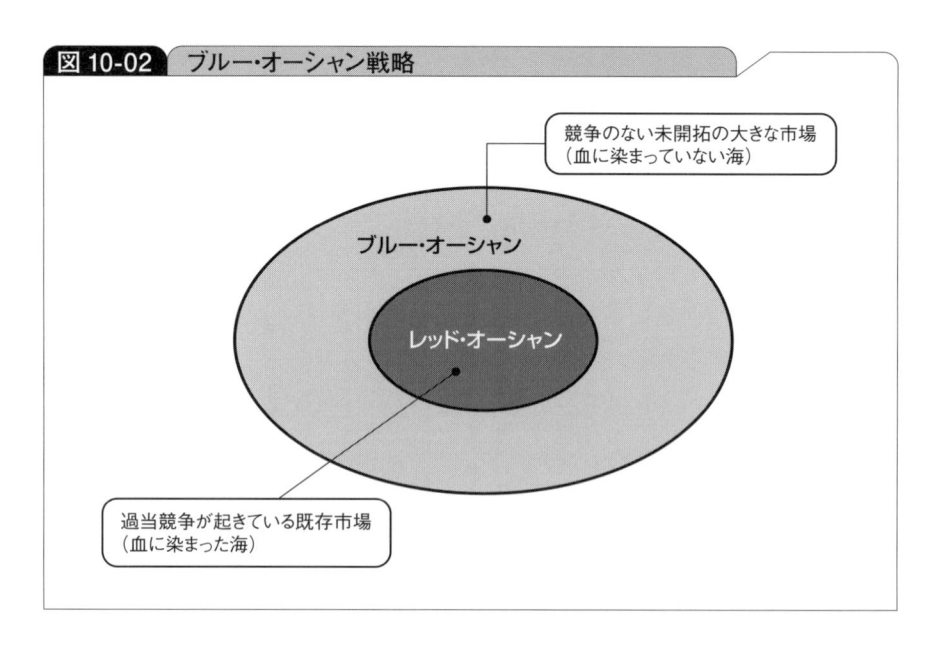

図 10-02　ブルー・オーシャン戦略

競争のない未開拓の大きな市場
（血に染まっていない海）

ブルー・オーシャン

レッド・オーシャン

過当競争が起きている既存市場
（血に染まった海）

で得られるはずの自尊心の満足が得られなくなります。

③事情戦略

　顧客が不便を感じたり、困ったりしている状況に対して、原因を取り除くことができる商品やサービスを販売することです。

④価値戦略

　価値戦略とは、低コストと顧客にとっての高付加価値は両立可能であるという、ブルー・オーシャン戦略ともいえます。ブルー・オーシャン戦略とは、W・チャン・キムとレネ・モボルニュが同名の著書の中で提唱した戦略論で、新市場を創造するために「価値を革新する」という考え方により、市場の境界線を引き直します。任天堂のWiiは、これまでゲーム会社の顧客でなかった主婦や高齢者を顧客化した、典型的な例です。

(4) 顧客創造の留意点

　顧客を創造していくには、経営資源としてのヒト・モノ・カネ・ノウハウの各機能を効率よく組み合わせます。

　「ヒト」を効率よく活用するには、人事担当者が、マーケティングによって顧客が創造されることを十分に理解し、それに対応した人材開発を行います。

　「モノ」を効率よく活用するには、生産・物流などの機能が、多品種少量の生産体制やジャスト・イン・タイムの物流システムでマーケティングに対応できるようにします。

　マーケティング機能を財務面からサポートする機能としての「カネ」を効率よく運用するには、銀行借入れや市場からの資金調達、内部留保の運用で対応します。

　技術研究や情報部門は、「ノウハウ」に対応する機能です。顧客創造における直接的な機能であることを意識して業務を行います。

section 2　顧客創造
新規顧客と既存顧客

　既述のように、新規顧客に商品を販売するコストは、既存顧客に販売するよりも5倍かかる「1：5の法則」があります。すべての業界や商品で当てはまる法則ではありませんが、新規顧客への販売コストが大きいことは確かです。そのため、企業は既存顧客の維持に力を入れるようになってきています。

(1) 新規顧客と既存顧客

　新規顧客とは文字通り、初めて自社の商品やサービスを購入した顧客のことであり、既存顧客とは過去に購入実績のあった顧客のことです。

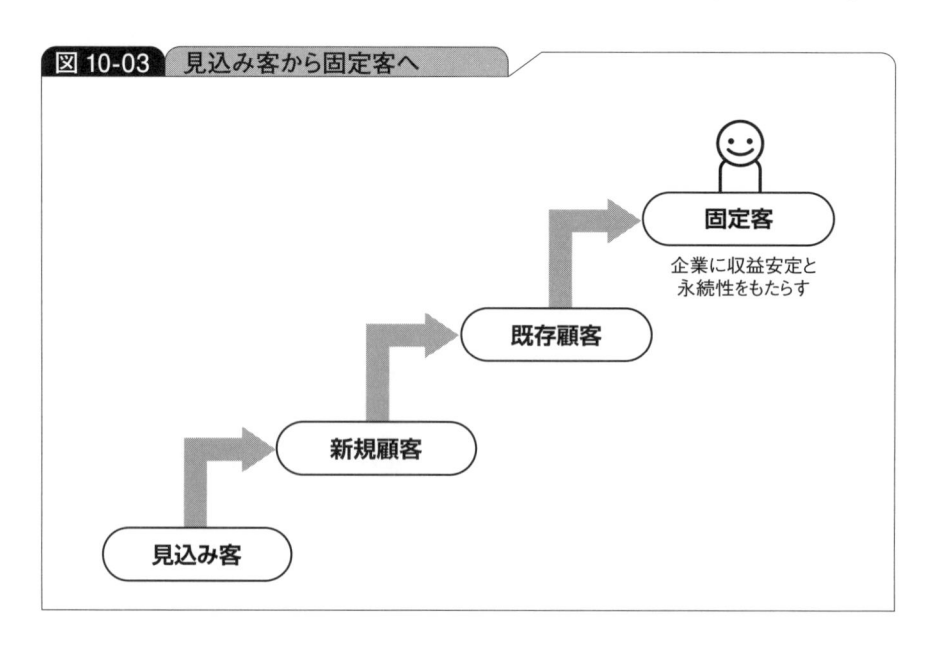

図 10-03　見込み客から固定客へ

見込み客 → 新規顧客 → 既存顧客 → 固定客

固定客：企業に収益安定と永続性をもたらす

見込み顧客を新規顧客として獲得し、さまざまな戦略で固定化していくことが企業の収益安定化と永続性を担保します。

(2) 既存顧客の維持戦略

商圏が小さな企業はもちろん、大企業においても、顧客となり得る人数には限りがあります。景気後退による消費意欲の減退や少子化による人口減少は、さらなる市場の縮小を示唆しています。既存顧客を維持しなければ、顧客数を維持することが難しくなっています。

顧客維持が利益を生み出すには、岩本俊彦氏の「ターゲット・マーケティングにおける顧客維持戦略の階層性」(『東京情報大学研究論集Vol.13』)によると、以下の要因があります。

①反復・継続購買による利益の確保

売上高は、「顧客数×購入単価×購入回数」で求められます。購入回数を高めることで、売上高を上昇させます。前章のＦＳＰもその手段の一つです。

②関連商品購買による単位顧客当たりの利益の増加

売上高を求める式の購入単価を高めることです。関連する商品を紹介することで、顧客に新たな価値や効用を提供します。

スーパーマーケットの野菜売場に新製品の調味料を置くことで、顧客は野菜の新しい食べ方を知ることができ、野菜と調味料の同時購入が期待できます。

③顧客学習によるオペレーティングコストの低減

顧客が商品の価値を認め、継続的に購入するようになると、顧客への商品説明が不要になります。さらに、商品が改良されても顧客自ら情報を入手し、新たな価値を見出すようになります。新規の顧客に商品説明をするコストと比較すると、格段に差がつきます。

④顧客紹介による顧客の拡大

ロイヤルティの高い顧客に新規顧客を紹介してもらう方法です。新規顧客拡大の効果もありますが、知人を紹介することで、既存顧客のロイヤルティがさらに高まる効果もあります。

(3)新規顧客の獲得プロセス

新規顧客の獲得には、以下のプロセスが必要です。
①見込み客のリストアップ
②アプローチ
③プレゼンテーション
④クロージング
⑤アフターフォロー

小売店では、ファサードや店頭の商品陳列で、取り扱う商品に興味を持つ見込み客を店内に誘導し、見込み客を選出します。顧客が興味を持っ

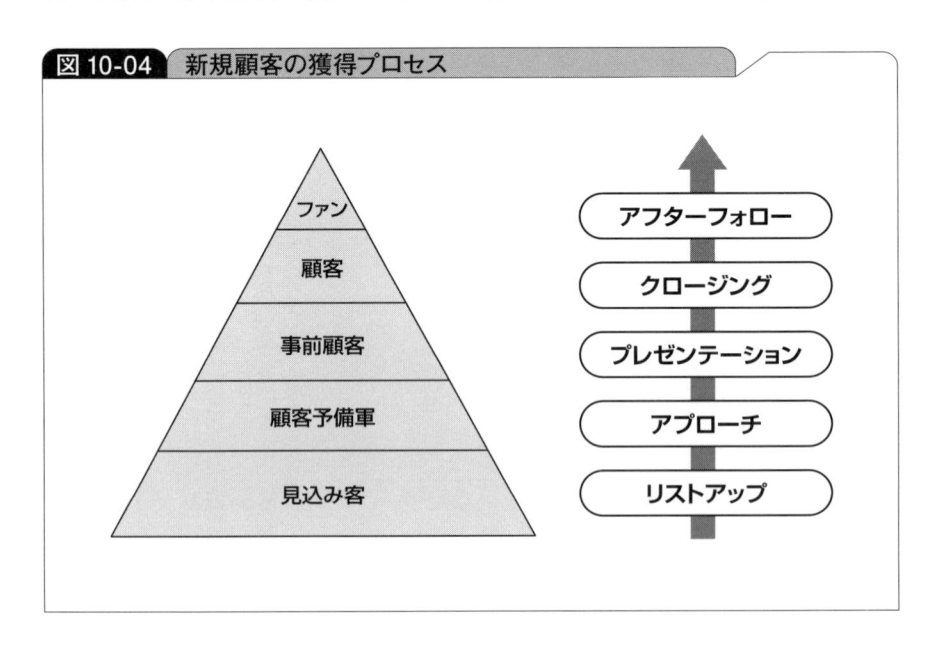

図10-04　新規顧客の獲得プロセス

ピラミッド（下から上）：見込み客／顧客予備軍／事前顧客／顧客／ファン

プロセス（下から上）：リストアップ／アプローチ／プレゼンテーション／クロージング／アフターフォロー

た商品が判明したら、販売員が顧客にアプローチします。顧客のニーズに合った商品を提示し、セリングポイント（他商品より優れた訴求点）を説明します。顧客が商品購入の意思を固めたら、クロージングを行います。最後に、次回も商品を購入したいと思わせるアフターフォローが重要です。

(4) 新規顧客の維持戦略

新規顧客の獲得は、新規顧客を固定化し維持する戦略を整えてから実施しなければなりません。顧客を維持する戦略として、以下のような手法があります。

① 顧客との心理的な結びつきを強化

顧客との接触を意識的に増やし、「なじみ」という人間的要素を利用します。

② 顧客の購買心理を利用

会員になることで、特典が得られることを強調し、「得をしたい」という心理を利用します。

③ 利便性の追求

店舗の立地や営業時間など、顧客の利用しやすさを追求します。

④ ブランド力の強化

商品やサービスのブランドイメージを高め、顧客に安心感を与えます。

⑤ 顧客コミュニティの構築

顧客を会員としてコミュニティに参加させることで、同じニーズや価値観を持つ集団への帰属意識が高まります。

⑥ 顧客が過去に受けたサービスの更新

顧客が過去に受けたサービスを無駄にしたくないという心理を利用し、さらに上級のサービスを受け続けさせます。英会話教室などで見られます。

section 3　顧客創造

見込み客の発見

　企業にとって顧客が大事であることは前述しましたが、周りにいる誰もが顧客になるわけではありません。顧客になりそうな人、さらには優良顧客になりそうな人を見つけ出すことが、顧客を増やす最初のステップです。

(1) 見込み客とは

　見込み客とは、将来、自社の顧客になる可能性のある人のことです。まだ購入実績がなくても、「購入する見込みのある人」は重要な見込み客です。

　見込み客の中にも、商品にまったく興味のない人から、他社の商品と比較検討している段階の人、さらには次回の来店で購入しようとしている人まで、さまざまな段階の見込み客がいます。

(2) 見込み客へのアプローチ

　小売業であれば、店頭に魅力的なディスプレイを施し、見込み客を選別します。企業同士であれば、展示会や見本市で自社商品に興味を持っている見込み客を選び出します。

　選び出した見込み客（有望見込み客）にアプローチします。見込み客の心理を無視して強引にアプローチした場合、見込み客は不満を抱き始め、離反してしまいます。アプローチの頻度や内容をバランスよく実施することが大切です。特に重視すべきは、タイミングです。タイミングが早いと見込み客は離れていき、遅すぎれば他社の顧客になってしまい

ます。

　小売業では、店内にいる顧客が商品に興味を持ち、立ち止まってじっくり見ているときや、手に取っているときがアプローチするタイミングです。このタイミングを管理することが、見込み客マネジメントでは重要な要素です。

(3) 顧客ライフサイクルとコア顧客の獲得

　顧客ライフサイクルとは、顧客と企業の関係をライフサイクルで表現したものです。顧客のライフサイクルは時間的に見ると、見込み客、初回購入者、初期リピーター、コア顧客、離脱者へと変化します。

①見込み客

　顧客になる前の段階です。

②初回購入者

　一度購入した実績がある顧客のことです。顧客として維持できる可能

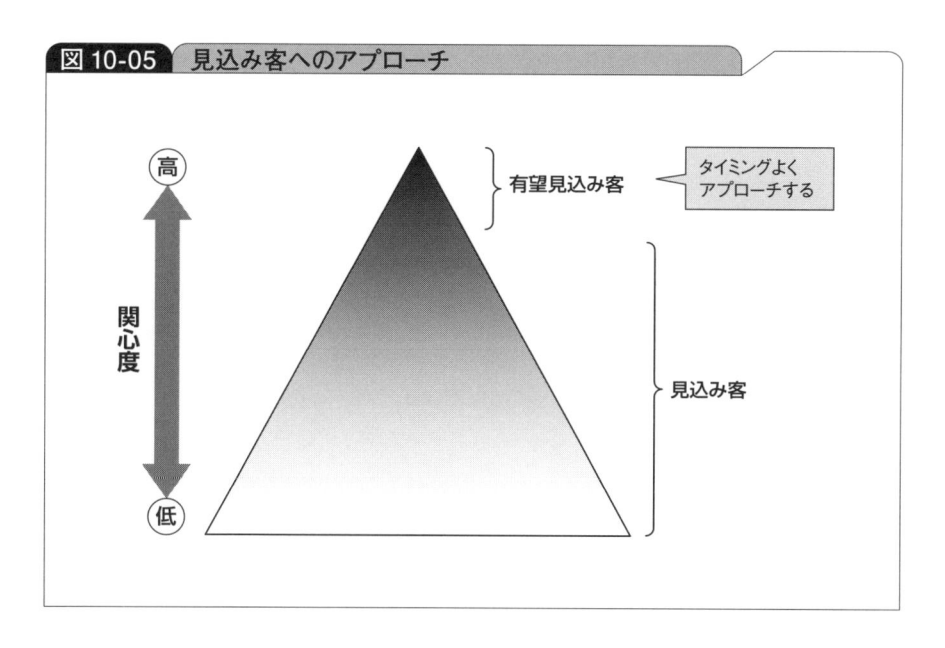

図 10-05　見込み客へのアプローチ

- 関心度（高〜低）
- 有望見込み客：タイミングよくアプローチする
- 見込み客

性は低いのですが、食料品や日用品など、購入サイクルが短い商品は、初回購入者を維持することが大切です。

③初期リピーター

再購入をし始めた顧客のことです。次に購入する確率は、初回購入者よりも高くなります。商品や店舗への信頼感は高まっていますが、離脱する可能性もある不安定な状態です。

④コア顧客

商品や店舗へのロイヤルティが高い顧客です。企業は顧客生涯価値を高める戦略をとります。離脱率が低いため、顧客の維持コストも低くなります。

⑤離脱者

顧客であることを止めた状態です。商品やサービスに対する不満や、他社へ流れたことが主な原因です。再度、顧客となる可能性もあります。

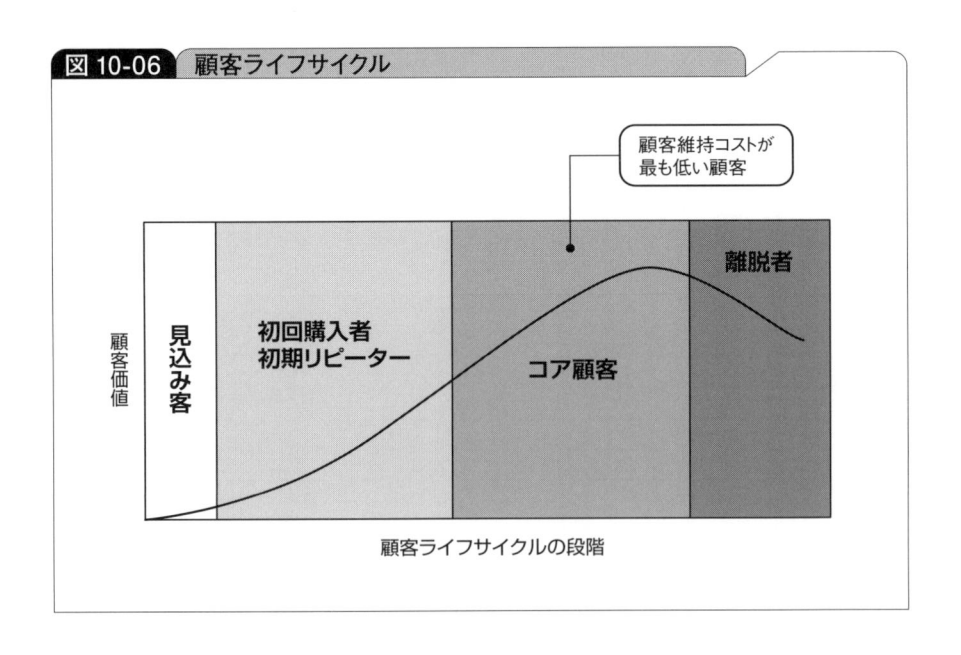

図 10-06　顧客ライフサイクル

顧客維持コストが最も低い顧客

顧客価値

見込み客 / 初回購入者 初期リピーター / コア顧客 / 離脱者

顧客ライフサイクルの段階

(4) コア顧客の維持

　顧客ライフサイクルによって、顧客をそれぞれの段階に分類することで、各段階の顧客に応じてコストや経営資源を配分できます。

　顧客は、見込み客の一部がコア顧客へ成長し、コア顧客もその多くが、いつかは離脱者となります。企業の安定した収益のためには、一定の数のコア顧客が必要です。見込み客をコア顧客に成長させるには、ＦＳＰなどの顧客ロイヤルティを補強するプログラムを実施しなければなりません。

　コア顧客でも、ロイヤルティを維持する施策を行わないと、離脱する確率が高まります。

section 4 　顧客創造
再来店率の向上

　観光地のおみやげ屋の顧客と、住宅街にある美容室の顧客の違いは何でしょうか。それは一見の顧客と固定客の違いです。同じおみやげ屋に何度も通う人はまれです。しかし、毎月同じ美容室に通う人はいます。おみやげ屋の売上高向上のためには、通りすがりの観光客を数多く誘引することがポイントですが、美容室は、いかに顧客の再来店率を高められるかによって売上高が大きく変わってきます。本sectionでは、顧客の再来店率について見ていきます。

(1) 再来店とは

　顧客が再来店する理由はさまざまです。顧客との良好な関係を築いたとき、顧客が商品やサービスの価値を感じ、次に来店するモチベーションが高まったときなどに再来店します。
　顧客に以前と同じニーズが生じたとき、「あの店でニーズを満たせた」と思い出してもらえるかどうかが、再来店してもらえるかどうかの分かれ目です。

(2) 再来店率の把握法

　顧客の再来店頻度は、業種によって異なります。コンビニエンスストアに毎日通う人はいますが、美容室に毎日通う人はいません。月に1回ないし数カ月に1回程度でしょう。
　美容室の場合、例えば、顧客が半年の間に再来店したら再来店顧客としてカウントします。n月に来店した100人がn＋6ヵ月の間に80人来

店したら再来店率は80％です。この場合、20％の顧客は離脱してしまった可能性があります。売上高を維持するには、新規顧客獲得でカバーしなければなりません。

再来店率を正確に把握することで、再来店率向上の施策や新規顧客獲得計画を立てることができます。

(3) 再来店率の向上策

特売やプレゼントキャンペーンで来店した顧客は、同様の特典があるときにしか来店しないことが多くなりがちです。店の利益率が低いときだけ来店する顧客は、優良顧客とはいえません。価格ではなく、商品やサービスに価値を感じてもらえるようにすることが大切です。

顧客が再来店しなくなってしまう主な理由は、「忘れてしまっている」ことです。ランチを食べようと思ったとき、とっさに思い浮かべる店はそれほど多くないはずです。思い出せない店は、おいしくないわけでも

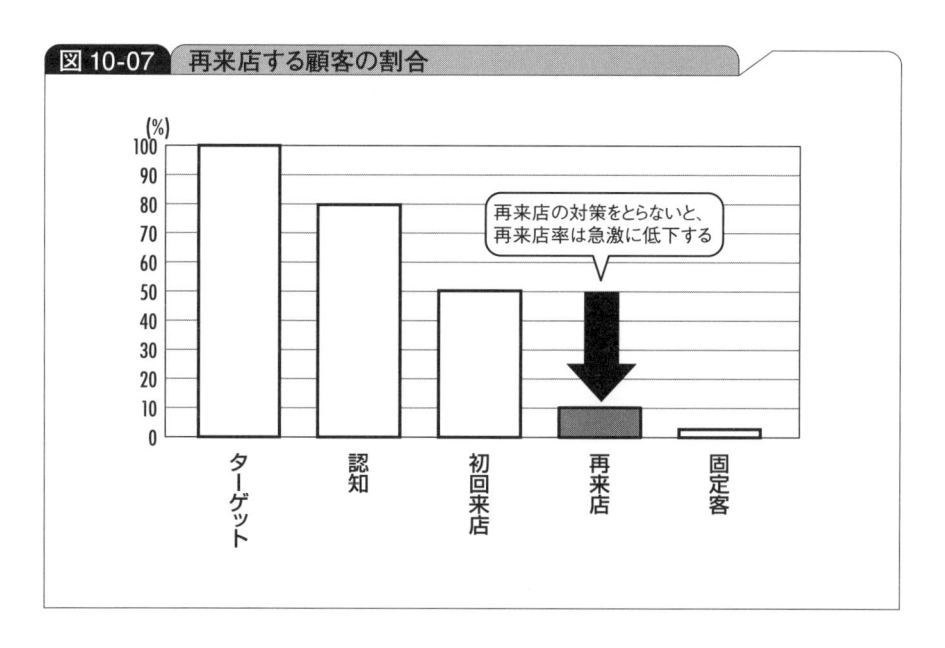

図10-07　再来店する顧客の割合

区分	割合(%)
ターゲット	100
認知	80
初回来店	50
再来店	10
固定客	3

再来店の対策をとらないと、再来店率は急激に低下する

なく、印象が悪かったわけでもなく、単に思い出せなかっただけのことが多いのです。

　顧客の再来店を促すには、顧客ニーズが生じたときに候補の店に入るよう、定期的にアプローチすることが大切です。チラシ、DM、メールマガジンなどが代表的なアプローチツールです。

　商品やサービスに価値を感じてもらい、顧客の記憶に残るためには、従業員全員が目指すべき方向を意思統一し、「顧客のために」を意識し続けることです。

　次に、驚異的なリピート率を誇る成功例を見てみましょう。

(4) 再来店率向上の成功例

　再来店率の高い企業の代表として、オリエンタルランドが経営する東京ディズニーリゾート（TDR）が挙げられます。TDRのリピート率は90％以上といわれています。つまり膨大な来場者の中に、新規の顧

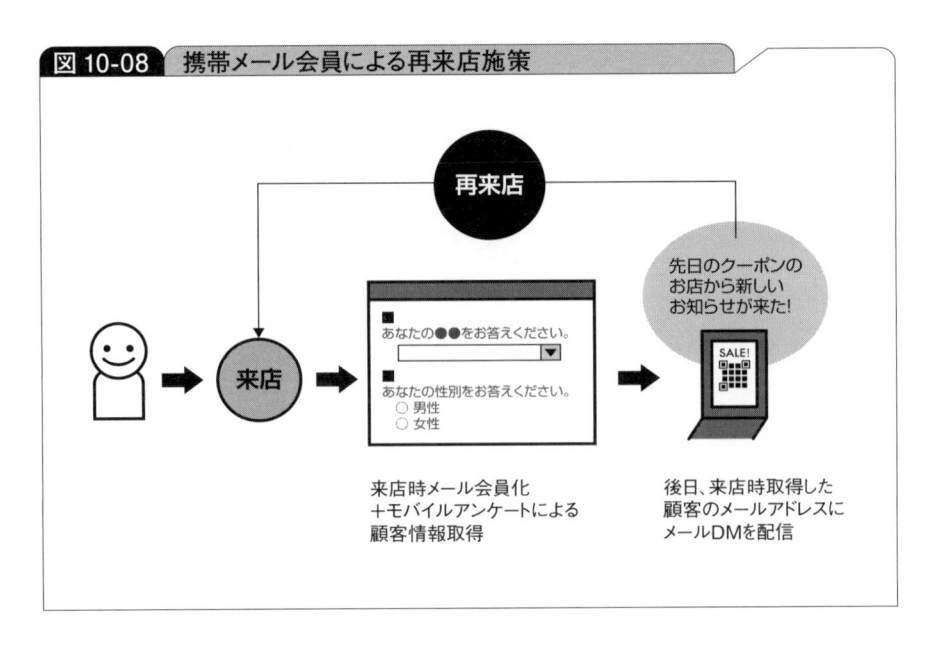

図 10-08　携帯メール会員による再来店施策

来店時メール会員化
＋モバイルアンケートによる
顧客情報取得

後日、来店時取得した
顧客のメールアドレスに
メールDMを配信

先日のクーポンの
お店から新しい
お知らせが来た！

客はほとんどいないのです。なぜ、これほどまでのリピーターを集めることができるのでしょうか。

TDRには、1日では到底回り切れないスケールのアトラクションの量や深さ、ガイドブックにも書かれていない仕掛けや謎の数々が存在します。来場のたびに新しい発見があり、徹底した演出とサービスは、来場者を感激させ、リピーターにさせているのです。つまり、忘れられない「感激」を提供しているのです。

さらに、計算され尽くしたホスピタリティを追求した結果でもあります。TDRが顧客のニーズを感じ取り、その期待に応えているのは、TDRの従業員であるキャスト全員が、SCSEをキーワードにその役割を理解しているからです。SCSEとは、Safety（安全）、Courtesy（礼儀正しさ）、Show（ショー）、Efficiency（効率）という4つの行動基準です。顧客に「感激」を提供するために、キャストが自ら考えて応用できる規範でもあります。

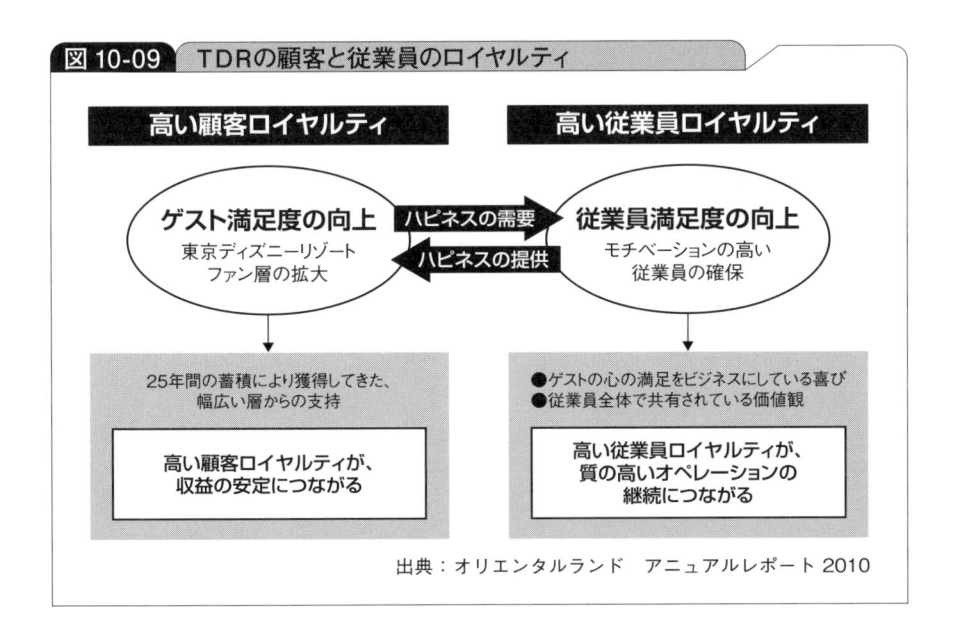

図10-09　TDRの顧客と従業員のロイヤルティ

高い顧客ロイヤルティ

ゲスト満足度の向上
東京ディズニーリゾート
ファン層の拡大

⇄ ハピネスの需要／ハピネスの提供

高い従業員ロイヤルティ

従業員満足度の向上
モチベーションの高い
従業員の確保

- 25年間の蓄積により獲得してきた、幅広い層からの支持

→ 高い顧客ロイヤルティが、収益の安定につながる

- ●ゲストの心の満足をビジネスにしている喜び
- ●従業員全体で共有されている価値観

→ 高い従業員ロイヤルティが、質の高いオペレーションの継続につながる

出典：オリエンタルランド　アニュアルレポート2010

PART 10　顧客創造

section 5　顧客創造

ワン・トゥ・ワン・マーケティングの実践

　市場を分析し、細分化していくとニッチ市場に至り、さらに細分化すると、一人ひとりの顧客に至ります。一人ひとりの顧客を対象にしたマーケテングを、ワン・トゥ・ワン・マーケティングといいます。顧客のニーズが多様化する中、一人ひとりに合わせた価値の提供が欠かせなくなっています。

(1) ワン・トゥ・ワン・マーケティングとは

　ワン・トゥ・ワン・マーケティングとは、企業が顧客に対し、1対1の関係を築くもので、広範囲にマーケティング活動を行う広告やパブリシティなどのマス・マーケティングと対の概念です。新規顧客の開拓よりも、既存顧客のロイヤルティを高める効果があります。一人ひとりの顧客から、要望や好みを収集し、それらの情報を分析することで、好みに合わせてアレンジした商品やサービスを、最適なタイミングで提供します。

　昔から小売業やサービス業では、顧客情報を把握し、それぞれの顧客に合った商品やサービスを提供していました。ワン・トゥ・ワン・マーケティングが、こうした従来型のマーケティングと違う点は、情報技術を活用していることです。

　近年では、情報技術の発達により、かなり容易にかつ安価にワン・トゥ・ワン・マーケティングを行うことができるようになりました。データベース技術の進歩は、個々の顧客や見込み客に関する膨大な情報の蓄積を可能にしました。さらに、このデータを分析することで、見込み客の特定

や顧客一人ひとりに対する商品や販促プランの提案ができるのです。

(2) ターゲットマーケティングからワン・トゥ・ワン・マーケティングへ

　多くの顧客の中から、ワン・トゥ・ワン・マーケティングの対象となる顧客をどのように選び出すのでしょうか。マス・マーケティングの実施で反応を示した顧客に、次のプロモーションを仕掛けます。購入まで至った顧客には、継続的な購入を目的としたプロモーションを施すことで選び出します。

　クレジットカードのダイレクトメールは、反応のあった相手には、次の段階のダイレクトメールを送ります。膨大な人々の中から自社のサービスに関心のある見込み客をスクリーニングし、顧客となる可能性の高い人を絞り込んでいるのです。

図 10-10　マス・マーケティングからワン・トゥ・ワン・マーケティングへ

- ワン・トゥ・ワン・マーケティング
- ロイヤルティ・マーケティング
- ターゲット・マーケティング
- マス・マーケティング

データベースの活用度合

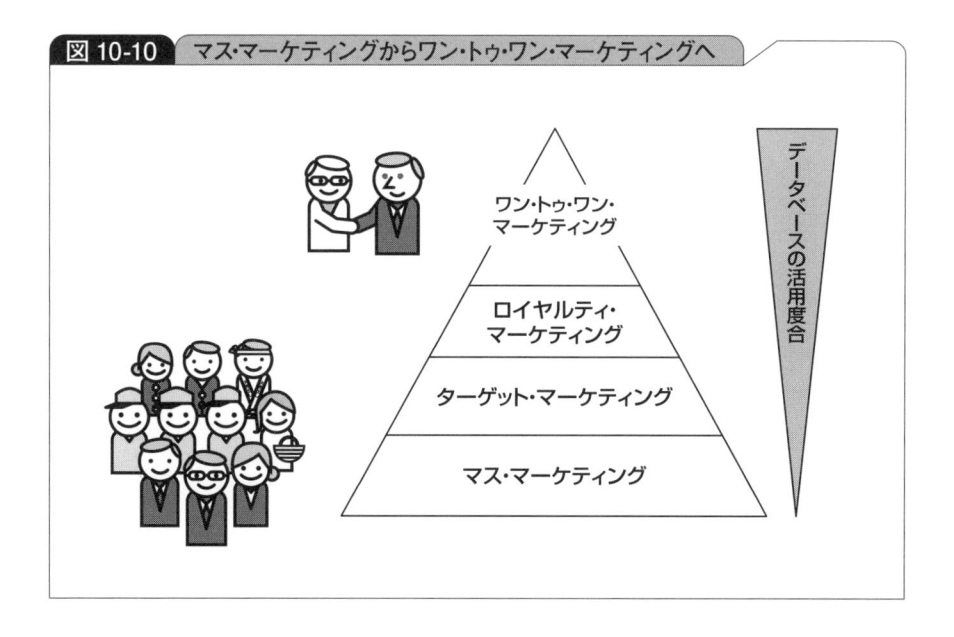

(3) ワン・トゥ・ワン・マーケティングの留意点

　ワン・トゥ・ワン・マーケティングを展開していくと、図らずも「土足」で顧客の個人情報に踏み込んでしまう可能性があります。こうした行為は、顧客の反発を招くおそれがあり、顧客の許可を得てからマーケティング活動を開始する「パーミッション・マーケティング」が実行されるようになりました。最初のパーミッションは、プレゼントやクーポンなどをインセンティブにキャンペーンを行うことが多く、それと引き換えに企業からの情報を受け取る許可を得ます。

　企業からマーケティング・メッセージが届けられることを了承している見込み客に対してアプローチするため、高いレスポンス率と良好な顧客関係、顧客満足が期待できます。

(4) でんかのヤマグチの成功例

　でんかのヤマグチは、東京都町田市にある家電販売店です。町田は東京多摩地区南部の大都市で、ヤマダ電機やヨドバシカメラ、コジマなどの家電量販店がしのぎを削っています。でんかのヤマグチは量販店と比較すると、店舗面積も狭く、商品品目も少なく、立地にも恵まれていません。さらに価格設定も高めです。このような条件の中で、月間売上１億円（従業員40人）を達成しています。でんかのヤマグチの「４つのモットー」に、その秘訣があります。

４つのモットー
　　お客様に呼ばれたらすぐにトンデ行くこと
　　お客様のかゆいところに手が届くサービス
　　お客様に喜んでいただくこと
　　お客様によい商品で満足していただくこと
　　　　　　　　　　　　（「でんかのヤマグチ」ホームページより）

低価格を売りに集客する家電量販店との競合を避けるため、過剰な値引きの要求やトラブルのあった顧客、過去5年間に1万円以上の購入がない顧客をリストから外し、顧客を優良顧客のみに絞りました。そのうえで、一人ひとりの顧客ニーズに応じて徹底的に奉仕しているのです。出張修理はもちろん、操作方法がわからない顧客には、何度でも教えに行きます。頼まれれば、商品に関係ない家屋の修理も行います。30年ほど前まで、家電販売店はなじみの顧客の家に訪問して商談することがよくありました。でんかのヤマグチのやり方は、当時の販売方法をブラッシュアップし、徹底して実践しているのです。
　良好な関係性を継続できる顧客に絞ったワン・トゥ・ワン・マーケティングの成功例です。

図 10-11　でんかのヤマグチ

「でんかのヤマグチ」ホームページより

参考文献

- 『スモールビジネス・マーケティング』岩崎邦彦著　中央経済社
- 『顧客を知り尽くし顧客を満足させる法』DIAMOND ハーバード・ビジネス・レビュー編集部編・訳　ダイヤモンド社
- 『ＭＢＡマーケティング』数江良一監修　グロービス著　ダイヤモンド社
- 『コトラー＆ケラーのマーケティング・マネジメント』フィリップ・コトラー、ケビン・レーン ケラー著　恩蔵直人監修　ピアソンエデュケーション
- 『顧客満足の実際』佐野良夫著　日本経済新聞社
- 『顧客満足度調査のノウハウ』浅野紀夫著　かんき出版
- 『お客様の心をつかむ真実の瞬間』マイケル・ルボーフ著　ダイヤモンド社
- 『この18社に見つけた！　顧客満足を生み出す仕組み』瀬戸川礼子著　同友館
- 『Ｊ．Ｄ．パワー顧客満足のすべて』J.D.パワーⅣ世、クリス・ディノーヴィ著　ダイヤモンド社
- 『マーケティング戦略ハンドブック』松下芳生編　トーマツコンサルティング著　ＰＨＰ研究所
- 『人生を変える80対20の法則』リチャード・コッチ著　阪急コミュニケーションズ
- 『ＣＲＭの実際』古林　宏著　日本経済新聞社
- 『クチコミはこうしてつくられる』エマニュエル・ローゼン著　日本経済新聞社
- 『顧客生涯価値のデータベース・マーケティング』アーサー・ヒューズ著　ダイヤモンド社
- 『成功事例に学ぶＣＲＭ実践手法』今野勤、加藤二朗、伊藤文隆著　日科技連出版社
- 『個客識別マーケティング』ブライアン・Ｐ・ウルフ著　ダイヤモンド社
- 『個客ロイヤルティ・マーケティング』ブライアン・Ｐ・ウルフ著　ダイヤモンド社
- 『ＰＯＳシステム導入の基礎』浅野恭右編　日本規格協会
- 『マーケティング革新の時代（1）顧客創造』嶋口充輝、竹内弘高、片平秀貴、石井淳蔵著　有斐閣
- 『スモールビジネス・マーケティング』岩崎邦彦著　中央経済社
- 『「１回きりのお客様」を「１００回客」に育てなさい！』高田靖久著　同文舘出版
- 『お客様にワクワク買わせる「インストア・プロモーション」のアイデアとテクニック』永島幸夫著　同文舘出版
- 『コトラーのマーケティング入門』フィリップ・コトラー、ゲイリー・アームストロング著　恩蔵直人監修　ピアソンエデュケーション
- 『3級販売士最短合格テキスト』山口正浩編著　かんき出版
- 『販売士検定試験　3級ハンドブック（4）マーケティング』　カリアック

監修者
山口 正浩（やまぐち まさひろ）
(株) 経営教育総合研究所代表取締役社長、中小企業診断士の法定研修（理論政策更新研修）経済産業大臣登録講師。産業能率大学兼任講師、経済産業大臣登録中小企業診断士、経営学修士（MBA）。日本経営教育学会、日本経営診断学会、日本財務管理学会など多数の学術学会に所属し、財務や経営戦略、事業再生に関する研究をする一方、各種企業・地方公共団体にて、経営幹部、営業担当者の能力開発に従事している。
著書に、『経済学・経済政策クイックマスター』、『アカウンティングクイックマスター』（以上同友館）、『3級・販売士最短合格テキスト』『減価償却の基本がわかる本』（以上、かんき出版）、『販売士検定3級 重要過去問題 傾向の分析と合格対策』（秀和システム）など、100冊以上の著書・監修書がある。

編著者
木下 安司（きのした やすし）
(株) TBC 代表取締役社長、(株) 経営教育総合研究所主任研究員、産業能率大学総合研究所兼任講師、経済産業大臣登録中小企業診断士。
(株)セブン-イレブン・ジャパン システム部を経て、経営コンサルタントとして独立。昭和57年、(株) 東京ビジネスコンサルティング（現 (株) TBC）を創業。業界屈指の合格率を誇る「TBC 受験研究会」を30年間主宰し、中小企業診断士の育成、指導を通じて人的ネットワークを構築。企業の経営革新・リテールサポート力の強化、マーチャンダイジング研修などに注力している。
著書に、『ブランド・マーケティング』『ターゲット・マーケティング』『図解 よくわかるこれからの流通』（同文舘出版）、『コンビニエンスストアの知識』『小売店長の常識』（日本経済新聞社）、『セブン-イレブンに学ぶ超変革力』（講談社）、『手にとるようにマーチャンダイジングがわかる本』（かんき出版）、『2011 経営戦略・経営組織 クイックマスター』『2011 マーケティング クイックマスター』『2011 店舗・販売管理 クイックマスター』（同友館）など多数。

執筆者
城ヶ﨑 寛（じょうがさき ひろし）
(株) 経営教育総合研究所研究員、中小企業診断士。外資系IT会社営業、ベンチャー企業経営の経歴を生かし、企業経営戦略、事業継続計画策定、マーケティングを中心としたコンサルティングに従事。PART1〜PART4担当。

平岡 哲幸（ひらおか てつゆき）
(株) 経営教育総合研究所研究員、中小企業診断士。これまで人事労務，経理，営業企画，新規事業開発，システム開発など，多様な業務を経験。現在はアパレルメーカーにて貿易，システム開発の業務に従事。PART5〜PART8担当。

山本 光康（やまもと みつやす）
(株) 経営教育総合研究所研究員、中小企業診断士、初級シスアド。新聞社に勤務し、デジタルメディアの企画開発とサービス運用を担当している。PART9〜PART10担当。

マーケティング・ベーシック・セレクション・シリーズ
ロイヤルティ・マーケティング

平成 23 年 6 月 30 日　初版発行

監修者―――山口正浩
編著者―――木下安司
発行者―――中島治久

発行所―――同文舘出版株式会社
　　　　　東京都千代田区神田神保町 1-41　〒 101-0051
　　　　　電話 営業 03（3294）1801　編集 03（3294）1802
　　　　　振替 00100-8-42935
　　　　　http://www.dobunkan.co.jp

Ⓒ M.Yamaguchi　　　　　　　ISBN978-4-495-59431-2
印刷／製本：シナノ　　　　　Printed in Japan 2011